부부의
집짓기

부부의 집짓기

꿈과 행복을 담은 인문학적 집짓기 프로젝트

이지성 + 차유람 지음

차이정원

여는 이야기

글을 짓는 남편과
책을 좋아하는 아내

책으로 맺어진

이지성&차유람 부부의

첫 인문학적 집짓기

우리 부부는 여러 가지 공통점이 있다.

둘 다 조용한 것을 좋아한다.

기독교인이고, 봉사하며 살고 싶다는 생각도 같다.

또 하나, 아파트를 별로 좋아하지 않는다.

그래서일까. 우리 부부만의 정체성이 담긴 집을 원했다.

우리가 중심이 된 공간을 직접 만들고 싶은 마음이랄까….

우리는 조금 섣부르게 집짓기에 돌입했다.
거기에는 엄청난 시행착오들이 있었다.
하지만 얻은 것도 분명 있었다.

서로의 생각을 스스럼없이 이야기하고
상대를 이해하면서 더 깊이 사랑하게 된 것.
집짓기를 통해 얻은 가장 소중하고 귀한 결론이다.

마당, 거실, 계단, 다락, 화장실…

하나하나 모두 사연을 가지고 있다.

집 어디에도 우리의 이야기가 깃들지 않은 곳이 없다.

좋은 선택에는 기대 이상의 뿌듯함이,

실수한 부분에는 처절한 아픔이 생생하게 살아 있다.

집 안 곳곳에 스민 이야기는 매일 나누어도 마르지 않는다.

아이와 함께 집도 성장하고 있다.

집이 나이 들수록 곳곳에 아이의 흔적이 새겨질 것이고

우리 가족의 추억이 점점 자리할 것이다.

함께 살아갈 집을 지으며 다시 한 번

인간에게 공간은 어떤 의미인가 생각하게 되었다.

집은 우리를 품어주고, 행복하게 해주고, 꿈꾸게 해준다.

그리고 그 안에는 미래가 담겨 있다.

우리 부부의 집짓기는 여기서 끝이 아니다.

지구촌 곳곳의 모든 아이들이

미래를 꿈꿀 수 있는 공간을 가질 수 있을 때까지,

우리의 집짓기는 계속될 것이다.

목차

Part 2
우리는 지금 세상에서 가장 좋은 집을 짓는 중

#3 아이와 함께하는 친환경 주택을 꿈꾸다

#4 부부의 집짓기 프로젝트

#5 인문학적 집짓기의 탄생

Part 3
집을 짓기 전에 꼭 알아야 할 11가지

부록

Part 1

서로 다른 두 사람이 함께 걷는다는 것

#1 우리가 살아온 집 이야기

그 여자의 집

어떻게 하다 당구를 치게 되었느냐고 물어보는 분들이 있다. 동네마다 당구장 하나쯤은 다 있지만 여자아이가 큐대를 잡고 공을 치는 모습은 그리 흔한 풍경이 아니다. 사실 당구보다 먼저 치기 시작했던 건 테니스였다. 운동 신경이 좋다는 걸 눈치챈 부모님께서 한번 제대로 해보라고 언니와 나를 테니스 팀에 넣었다. 열심히 훈련한 덕에 언니와 나는 팀에서 성적이 꽤 좋았다. 당시 코치 선생님은 굉장히 승부욕이 강한 분이었다. 아이들을 미래에 훌륭한 테니스 선수로 키우겠다는 생각보다는 당장 눈앞에 있는 시합에서 좋은 성적을 내는 것에 더 치중했다. 엄마, 아빠도 제대로 만나지 못하게 하고 혹독하게 합숙 훈련을 시켰다. 나중에는 부모님이 일요일만이라도 가족들과 시간을 보내게 해달라고 그랬는데 코치는 단호히 거절한 채 연습에 집중하게 했다.

어느 날 부모님이 우리 숙소에 몰래 찾아와 물으셨다.

"너희, 이거 계속하고 싶니?"

가족도 만나지 못하게 하고 훈련을 시키니 아무리 운동이 재미있어도 더는 하고 싶지 않았다. 언니와 나는 고개를 절레절레 흔들었고 우리는 야반도주를 하듯 짐을 싸서 합숙소를 나왔다. 그렇게 도망치지 않고서는 코치가 절대로 순순히 내보내줄 것 같지 않았다. 그날로 테니스를 그만두었다. 대신 어떤 운동을 하면 좋을까 찾기 시작했다.

언니와 나도 유별났지만 부모님은 더 독특하셨다. 굳이 흥미도 없는 공부를 시키기보다는 재능이 있는 운동 쪽을 시키는 게 낫겠다고 판단하셨는지 이런저런 종목들을 물색하다가 남들이 많이 안 하는 당구를 해보자고 권하셨다. 잘되면 좋은 당구 선수가 될 수 있고, 잘 안 돼도 나중에 당구장을 운영하면 된다고 생각하셨던 것 같다. 부모님의 초긍정 마인드는 지금 생각해도 놀랍다. 나라면 과연 아이를 키우면서 그렇게 열린 생각을 할 수 있을까.

우리나라에 여자 당구 선수가 얼마 없다는 말에 매력을 느껴 우리 자매는 당장 당구를 시작했다. 테니스를 치던 체력이니 당구쯤은 아무것도 아니었다. 하루에 여덟 시간씩 당구를 쳐도 전혀 힘들지 않았다. 코치가 그렇게 연습하다가는 금세 나가떨어질 거라며 쉬엄쉬엄하라고 했지만 언니와 나는 그 말을 이해하지 못했다. 둘이 선의의 경쟁도 하면서 정말 재미있게 당구를 쳤다.

어린 시절부터 열정적인 부모님 덕에 이사를 굉장히 많이 다녔다. 좋은 코치가 있다고 하면 일말의 고민 없이 짐을 쌌고, 그 코치가 마음에 들지 않으면 바로 다른 코치를 알아본 후 집을 옮겼다. 이사를 하는 것은 싫지 않았지만 매번 내 방을 따로 마련해주지 않는 건 불만이었다. 부모님은 자매니까 굳이 방을 각각 줄 필요가 없다고 생각하셨다. 하지만 어린 나로서는 혼자만의 공간이 정말 가지고 싶었다.

"다음에 이사 가면 내 방이 생기는 거야?"

이사할 때마다 내 방이 없다는 사실에 실망하곤 부모님께 떼를 썼다. 하지만 어린 시절 나는 단 한 번도 내 방을 가져보지 못했다. 그렇다고 같이 방을 쓰는 언니와 갈등을 겪은 건 아니었다. 오히려 그날 있었던 고충을 밤새 나누기도 하며 굉장히 친하게 지냈다. 그럼에도 나만의 독립된 공간을 가지고 싶다는 바람은 늘 있었다.

이사를 자주 다니다 보니 학교에 적응하기가 쉽지 않았다. 친구를 사귈 만하면 전학을 가니 나중에는 친구를 사귀고 싶은 맘도 들지 않았다. 어차피 헤어진다고 생각하자 혼자인 편이 나았다. 그러나 친구가 없는 학교생활은 적막하고 쓸쓸했다. 차라리 좀 더 운동에 전념하고 싶다는 욕심이 들어 아예 학교를 그만두었다.

물론 나에게는 언니가 있고 운동이 있었지만 또래 친구들과 어울려 학창 시절을 보내지 못한 건 두고두고 아쉽다. 요즈음 우리 아이를 보며, 오랫동안 한동네에 살면서 어릴 적부터 추억을 함께한 친구를 만들어주고 싶다는 생각을 많이 한다.

선수생활을 하는 동안 미국에서 유학을 한 적이 있었다. 지인의 타운하우스에서 생활했는데 그때 주택의 매력에 흠뻑 빠졌다. 평범한 중산층이 사는 집이었는데도 그 크기가 엄청났다. 화장실도 여러 개였고, 방마다 샤워장이 있었다. 식구들이 매일 쓰는 방 외에 따로 손님방까지 구비해놓은 것도 인상적이었다. 그걸 보며 미국이라는 나라가 얼마나 우리나라와 다른 문화를 가졌는지 새삼 느꼈다.

가장 부러웠던 건 1층에 있던 당구대였다. 외국에서는 취미생활을 즐기기 위해 집에도 당구대를 설치하는 경우가 적지 않았다. 한국에서는 쉽지 않은 일이다. 원할 때 실컷 칠 수 있다는 게 정말 부러웠다.

미국에서 다른 집을 방문할 때도 있었는데, 전부 단독주택이었다. 1층짜리 집도 있고 3층짜리 집도 있었다. 모두 마당이 있었고 어떤 집은 마당 안에 시소도 들여놓았다. 마당에서 뛰노는 아이들의 모습을 보며 '너희는 정말 행복한 어린 시절을 보내고 있구나.'라고 생각했다.

그즈음부터 훗날 아이를 키운다면 넓은 마당에 잔디가 깔려 있는 집에서 살고 싶다고 막연히 맘먹었던 것 같다. 대부분 편하다는 이유로 아파트를 선호하지만 나는 조용하고 한적한 단독주택이 훨씬 좋았다. 신혼집을 구할 때도 아파트에서 시작하고 싶지 않았다. 집에 있는 걸 좋아하는 편인지라 종일 높은 건물들 사이에 갇혀 있는 것만 같은 기분이 드는 것도 싫었다. 조용하고 획일적이지 않고 나지막한 집, 그런 집에서 살고 싶었다.

그 남자의 집

어린 시절이라고 하면 시골집의 넓은 마당과 텃밭이 제일 먼저 떠오른다. 집을 한두 채 더 짓고도 남을 만큼 너른 공간이었다. 마당은 아이들에게 천국 같은 곳이다. 지저분하게 놀아도 상관없고 낯선 손님을 신경 쓸 겨를도 없다. 놀이가 끊기는 이유는 단 하나, 밥 먹을 시간이 다 되어서다.

실컷 놀다 중학교에 들어가면서 공부 때문에 도시로 나왔다. 당시에도 도시에는 아파트가 즐비했다. 딱히 아파트가 좋다거나 안 좋다거나 판단할 여지도 없이 '다들 아파트에 사는가 보다.' 생각했다. 그때부터 스물다섯 살이 될 때까지 쭉 아파트에서 살았다. 아파트가 딱히 편하다든지 혹은 답답하다든지 하는 생각조차 하지 못했다. 친구들이 아파트에 사니 나도 아파트에 사는 것이 당연하다고 생각했다.

그러다 집이 갑자기 망하고 옥탑방으로 이사한 뒤에야 그 아파트가 얼마나 안락하고 편안한 공간이었는지 깨닫게 되었다. 가끔 드라마에서 굉장히 낭만적으로 그려지는 옥탑방은 살아보면 결코 낭만적이지 않다. 여름에는 찌는 더위가, 겨울에는 혹독한 추위가 고스란히 느껴진다. 게다가 그 시절 나에게는 보증 빚이 20억 원가량 있었다. 아버지가 사업에 실패하면서 보증 빚은 고스란히 내 몫이 되었다. 도저히 앞날이 보이지 않던 때라 옥탑방에서의 생활은 더욱더 서글프게 다가왔다. 소원이 있다면 얼른 형편이 나아져 아파트로 이사 가는 것뿐이었다. 아파트 숲을 지날 때마다 부러움을 감출 수가 없었다. 그곳에 사는 것이 성공의 상징처럼 여겨졌다.

도시 빈민으로 살던 약 10년 중 3년 6개월은 개인 화장실이 없는 집에서 생활했다. 1층과 2층 사이에 공동 화장실이 있었는데 자그마치 12가구가 함께 사용했다. 그때의 비참함은 이루 말할 수 없다.

하루아침에 유명 작가가 되면서 다시 아파트로 돌아갈 수 있었다. 약수동에 40평 아파트를 얻어 부모님, 그리고 여동생들과 같이 살았다. 결혼해서 이미 아이가 있는 막내 여동생도 바로 옆 단지에서 살았기에 집이 경매로 넘어가고 뿔뿔이 흩어진 이후 10여 년 만에 온 가족이 한데 모여 살게 된 셈이었다.

이후 은평 뉴타운 쪽에 있는 65평짜리 아파트로 이사를 갔다. 따로 작업실을 얻지 않고 부모님과 살면서 글을 쓰기 위해 큰 아파트를 얻었다. 지어진 지 2년밖에 안 되는 새 아파트에서 사는 기분은 나름 괜찮았다. 넉넉한 공간이 주는 만족감도 컸다.

집 안에 작업실이 있으니 하루 종일 집에 있는 날이 많았다. 그런데 어느 날부턴가 몸이 굉장히 가려웠다. 아토피였다. 태어나서 처음 겪어본 터라 원인이 어디에 있는지 알 수 없었다. 약도 먹어보고 물도 바꿔봤지만 별 차도가 없었다. 지금 돌이켜보면 새집증후군이었을 텐데, 그때는 집이 원인이라곤 생각지도 못했다.

또 하나, 소음으로부터 자유로울 수 없었다. 글을 쓰는 직업이다 보니 특히 소음에 예민했는데, 시도 때도 없이 사방에서 소리들이 들려왔다. 그저 참고 무뎌지는 것 이외에는 별다른 대안이 없었다.

나에게는 집에 대한 로망이 없다. 큰 집이든 작은 집이든, 사랑하는 가족들이 있다면 그만이다. 추위를 막아주고 외부의 침입으로부터 안전한 곳, 그 정도면 충분하다. 다만 작업실에 대해서만은 특별한 꿈이 있었다. 1층은 책이 가득 꽂힌 도서관, 2층은 집필실, 3층은 휴식 공간으로 꾸며진 나만의 조용한 작업실을 갖고 싶었다.

신혼집, 그 화려한 시작

신혼집을 구할 때 우리는 처음부터 아파트는 염두에 두지 않았다. 따로 사무실을 구하지 않고 집 안에 작업실을 만들 생각이었는데, 아파트는 구조가 평면적이므로 조용하고 독립적인 작업실을 꾸미기가 쉽지 않았다. 단독주택이 우리에게 잘 맞을 것 같았다. 단독주택이라고 하면 왠지 전세가도 비쌀 것 같은 느낌이었는데 웬걸, 아파트보다 오히려 저렴했다.

그런데 선뜻 단독주택을 구하기에는 망설여지는 부분이 있었다. 무엇보다 안전에 대한 두려움이 컸다. 아파트는 입구에 경비원이 있고 기본적으로 폐쇄적인 구조인 반면 단독주택은 지나치게 개방적이라는 느낌이 들었다. 훗날 단독주택이 아파트보다 범죄율이 더 높지는 않다는 것을 알았지만 그때는 우리 둘 다 오랫동안 아파트에서 살아온 터라 단독주택이라는 주거공간에 대한 이해가 충분치 않았다. 그러다 문득 타운하우스를 생각해냈다. 우리가 우려했던 안전의 문제가 해결되면서 단독주택의 장점도 누릴 수 있는 최적의 조건이 바로 타운하우스라는 생각에 닿았다.

용인에는 대단지로 조성된 타운하우스가 제법 있었다. 우리는 용인 외곽을 돌며 집을 알아보기 시작했다. 타운하우스가 가진 고급스러운 이미지에 비해 전세가는 그리 비싸지 않았다. 대략 3억에서 5억 원이면 크고 좋은 집을 구할 수 있었다. 서울 시내 20~30평 아파트 전세 값으로 입이 떡 벌어질 만큼 으리으리한 집을 얻을 수 있었다. 그중 마음에 드는 곳을 찾았는데 대지가 250평에 지하를 포함한 총 4층 건물의 총면적이 140평인 실로 거대한 집이었다. 지하에는 서재가 웅장하게 꾸며져 있었다.

'와, 이런 집에서 살 수 있다니!'

우리 부부는 잠시 꿈에 부풀었다. 넓은 집에서 층을 오가며 영화 같은 삶을 살 수 있을 듯한 기분이었다. 그러나 오래 지나지 않아 현실적인 문제에 부딪혔다. 이 큰 집을 대체 어떻게 청소하고 관리할 것인가. 게다가 용인 시가지에서 차로 30~40분 정도는 더 들어와야 하는 변두리라 주변에 마트 같은 편의 시설이 전혀 없었다. 알아보니 집 주인이 스스로 관리하고 장을 보는 경우는 드물었다. 대부분 집안 살림과 청소를 도와주는 도우미가 있었다. 사람을 두세 명 써도 경제적으로 전혀 타격이 없으면서 번잡한 시내와는 떨어져 있는 것을 선호하는 나이 지긋한 노부부에게 어울리는 집이었다.

우리는 다시 의논했다. 집 자체는 아주 훌륭하고 심지어 전세 가격도 마음에 들었지만 우리가 살기에는 현실적으로 적합하지 않았다. 둘이 온 집을 청소하느라 녹초가 되어버리든가, 아니면 집의 절반 정도는 버려둔 채 생활할지도 모르는 일이었다. 그뿐인가. 요리를 하다가 간장이 떨어지면 차의 시동을 걸어야 한다. 한

두 번은 웃으며 다녀올 수 있겠지만 시간이 지나면 분명 짜증스러워질 것이다. 궁전처럼 크고 화려한 집에서 무수리가 되어 진땀을 흘려야 하는 순간이 번번이 찾아올 것이다. 이내 정신이 들었다. 그 집보다는 규모가 작고 시내와 가까운 곳, 특히 마트가 인접해 있는 곳이 우리에게는 더 맞았다.

다음으로 우리가 찾은 곳은 용인 동백의 타운하우스였다. 대형마트까지 걸어서 20분 거리였다. 인터넷으로 주문하면 식용유 한 병까지 배달 받을 수 있는 시대여도 여전히 가까운 거리에 각종 편의 시설이 있어야 안심이 되는 것은 어쩔 수 없었다. 대지 120평에 총면적이 75평인 2층 집은 이전 집의 딱 절반 사이즈였다. 이 집도 작다고는 할 수 없지만 앞서 너무나 거대한 집을 봐서 이 정도는 오히려 아담해 보였다. 전세가는 5억. 우리 예산을 크게 벗어나지 않았다. 대기업이 지은 타운하우스로 문자 그대로 '그림 같은' 집이었다. 집을 보러 차를 타고 들어가는데 대문이 천천히 열리면서 경비원이 나와 인사를 했다. 부담스럽긴 했지만 마치 외국의 부촌에 와 있는 것처럼 느껴졌다. 집마다 정원이 예쁘게 꾸며져 있었고 마당에는 푸른 잔디가 깔려 있었다. 창이 커서 집 안이 시원시원해 보였고, 곳곳이 대리석으로 장식되어 고급스러웠다. 외관이 멋져 드라마의 단골 촬영지로 쓰인다고 했다. 누구나 평생에 한 번은 살아보고 싶을 만큼 멋진 집이었다. 이렇게 좋은 집의 전세가가 5억이라니 어딘가 하자가 있는 건 아닌지 의심이 들 지경이었다.

물론 매매가는 만만치 않았다. 최초 분양가가 14억이었는데, 집이 너무 커서 세입자를 구하기 쉽지 않아 비교적 전세가가 저렴하게 나왔다고 했다. 우리가 가진 예산으로 최고급 집에서 살아볼 기회였다. 더 이상 망설일 것도 없이 전세 계약서에 도장을 찍었다.

그림 같은 집의 혹독한 추위

우리는 타운하우스가 어떤 단점을 가지고 있는지 전혀 알지 못했다. 결혼 전에는 둘 다 주도적으로 집을 관리해본 경험이 없기에 어쩌면 당연한 일이었다. 우리는 집의 화려함에 강하게 매료되어 결혼생활의 시작을 아름다운 곳에서 할 수 있다는 것에 감사했을 뿐이다. 하지만 근사한 집에 산다는 기쁨도 잠시, 얼마 지나지 않아 여러 가지 문제들이 눈에 띄기 시작했다.

가장 먼저 거슬렸던 것은 비효율적인 공간구성이었다. 땅 크기가 120평이고 1층이 차지하는 면적이 그중 58평이니 단순히 수치만 놓고 보면 마당 넓이가 60평이 넘는다는 계산이 나왔다. 그런데 사각형의 땅 한가운데 건물이 들어서 있어 넓은 땅을 제대로 활용하지 못했다. 게다가 한편에 주차장까지 있다 보니 마당이 라고 부를 만한 공간이 거의 없다시피 했다. 대체 60평이 넘는다던 땅은 어디에 있단 말인가. 집을 한쪽에다 지었다면 탁 트인 마당이 나올 수 있었을 텐데 아무리 생각해도 아쉬웠다. 우리 소유의 집이라면 훨씬 더 뼈아프게 다가왔을 문제지만 잠시 빌린 입장이라 아쉽기만 할 뿐, 사실 아주 큰 문제는 아니었다.

우리를 가장 고통스럽게 했던 건 추위였다. 창이 커서 집 안이 넓고 환해 보인다는 장점은 있지만 사계절 중 가장 날 좋고 선선한 가을부터 추위가 몰아쳤다. 앞뒤로 통풍이 되는 거실 창에 커튼을 달고 유리에 에어캡을 붙여도 소용이 없었다. 물론 보일러를 돌리면 추위에서 벗어날 수 있었다. 하지만 난방비가 상상을 초월했다. 집 전체를 따뜻하게 하려면 난방비가 한 달에 100~200만 원은 나올 것이라는 이야기를 들었다. 집이 큰 만큼 난방비도 통이 컸다. 일반 아파트보다 더 나올 것은 각오했지만 한 달에 100~200만 원은 우리의 상식을 벗어나는 금액이었다. 난방비가 무서워 우리는 집 안에서도 두꺼운 점퍼를 입은 채 오들오들 떨었다. 주로 최소한의 생활공간인 작업실과 안방 위주로 난방을 하는데도 겨울이면 가스와 전기 요금이 100만 원 가까이 나왔다.

이뿐만이 아니었다. 기본 관리비도 같은 평수의 다른 집에 비해 비쌌다. 전세가는 저렴할지 몰라도 매달 들어가는 각종 비용이 예상을 뛰어넘으니 결국 비싼 월세 집에 사는 것이나 다를 바 없었

↑ 타운하우스에 살 때 우리 부부에게는 인테리어보다 추위를 막는 것이 더 중요했다.
→ 집은 사람에게 편안함과 안정감을 주는 공간이어야 한다는 사실을 깨달은 날.

다. 매달 관리비가 60만 원 정도 나왔는데 그나마 우리는 옆집에 비해 덜 나오는 편이었다. 잔디 깎는 비용을 뺐기 때문이다.

정원을 잘 관리하기란 쉬운 일이 아니었다. 매년 잔디를 깎는 비용만 100만 원이 넘게 들었다. 하지만 기껏 전셋집에 살면서 잔디 깎는 비용까지 내기는 부담스러웠다. 잔디쯤이야 자라거나 말거나 별수 없는 노릇이라 여겼는데 그게 생각만큼 간단한 문제가 아니었다. 제대로 정원을 관리하지 않는다며 단지 내에 사는 누군가가 민원을 넣어 경비실에서 연락이 온 것이다. 엄연히 우리 돈 주고 빌린 우리 집에서 자란 잔디인데 우리에게 깎지 않을 자유조차 없다니! 그렇다고 잔디 깎는 데만 1년에 100만 원 이상 쓰고 싶진 않아서 우리는 직접 관리하기 시작했다. 다른 사람의 눈 때문에 억지로 깎자니 고된 노동이나 한가지였다. 결국 우리 집 잔디만 서투른 이발사가 아무렇게나 자른 것 같은 볼품없는 모양새가 되어버렸다. 그림 같은 집의 전혀 그림 같지 않은 일상이었다. 이때 처음으로 아파트를 그리워했다.

집에 정이 떨어지다 보니 다른 단점들도 눈에 들어왔다. 전체적인 이미지는 고급스럽지만 내부를 구성하고 있는 것들, 가령 문짝은 하급 소재를 사용한 것이 눈에 띄었다. 대리석으로 마감한 계단, 유리로 만든 난간은 집 안 분위기를 그럴싸하게 만드는 데 한몫했지만 아기가 곧 태어날 우리에게 큰 걱정거리로 다가왔다. 시원시원하게 뚫린 대리석 계단 사이로 아기 발이 빠질 수도 있었고 매끄러운 유리 난간은 아기가 부딪히기라도 하면 대단히 위험할 것만 같았다. 출입구도 거슬렸다. 단지 정문이 천천히 열릴 때마다 삼촌뻘 되는 경비 아저씨가 나와서 깍듯이 인사하는 것도 여전히 부담스러웠고 얼른 나가야 하는데 우아한 척 서서히 열리는 정문만 멀뚱히 바라보고 있자면 속이 터졌다.

어느덧 전세 계약 만기가 다가왔다. 애초 이 집을 얻을 때는 적어도 4년 정도 지내야겠다고 맘먹었는데 겨울을 두 번 보내고 나니 생각이 완전히 바뀌었다. 집 주인은 우리가 연장해서 살길 바랐지만 여러 모로 만족스럽지 않은 공간에서 억지로 머물고 싶진 않았다.

타운하우스에서 살았던 2년여의 시간은 우리에게 아주 커다란 교훈을 남겼다.

첫째는 집을 볼 때 가장 중요한 것이 단열이라는 점. 특히 우리나라의 경우는 겨울이 길기 때문에 단열이 굉장히 중요하다. 이는 경제적인 문제와 직결되고 삶의 질과도 밀접한 관련이 있다. 우리가 타운하우스에 살아보지 않았다면 단열의 중요성을 그리 처절하게 깨닫지 못했을 것이고, 이후 집을 지을 때도 거실에 창문을 시원스럽게 내달라고 부탁했을지 모른다. 다행히 큰 창으로 인한 어마어마한 추위를 미리 경험한 탓에 작은 창문 위주로 집을 설계할 수 있었다.

둘째는 아름다운 집보다는 실용적인 집이 오랫동안 만족감을 준다는 점이다. 집은 생활공간이지 다른 사람에게 보여주기 위한 공간이 아니다. 뽐내기 위해 존재하는 곳이 아니라 식구들에게 편안한 휴식처를 마련해주기 위한 곳이다. 멋을 내기보다 이용하기에 편리하게 만들어야 한다.

타운하우스를 나와 다른 곳으로 이사해야겠다고 결심할 때까지만 해도 바로 집을 지을 생각은 아니었다. 2년 정도 파주에서 전세를 살며 땅에 대해 좀 알아보고 집을 짓는 과정을 찬찬히 공부할 계획이었다. 그런데 전세가 쉽게 구해지지 않았고 아기가 곧 태어날 예정이라 마음이 급해졌다. 얼른 집을 짓는 것이 나을 것 같았다.

분양가가 뻥튀기된 집

아파트는 나름의 장점이 있다. 땅이 좁고 사람이 많은 대도시에서는 아파트 같은 주거 형태가 효율적이다. 단독주택은 추위에 약하다. 이른바 웃풍이 존재한다. 바닥은 뜨끈뜨끈하지만 코가 시린 것이 단독주택에서의 겨울이다. 반면 아파트는 옆집, 윗집, 아랫집이 있기 때문에 열기가 잘 빠져나가지 않아 단열 면에서 단독주택보다 유리하다. 쓰레기 배출이 공동으로 이루어지고 소소한 시설 정비도 관리사무소에서 전부 해결해주기 때문에 집에 대해 신경 쓸 일이 별로 없다. 바쁜 현대인에게 어쩌면 가장 적합한 주거 형태일지 모른다.

하지만 우리에게 아파트는 맞지 않았다. 층간 소음으로부터 절대 자유롭지 않다는 것이 가장 큰 문제였다. 거기에다 어쩐지 아파트는 학교처럼 주입식 교육같이 느껴졌다. 우리의 선택권이라고는 하나도 없이 이미 만들어진 공간에 맞춰 살아야 하는 것이 마음에 들지 않았다. 대부분의 아파트는 비슷한 형태로 지어진다. 방의 위치와 크기, 거실의 방향 등은 조금씩 다르지만 일정한 패턴이 존재한다. 잠만 잔다고 해도 최소 여덟 시간은 머무는 공간인데 주변에 다양성이 없다. 똑같이 생긴 집에서 먹고 자고 일어나면서 획기적이고 창의적인 생각을 할 수 있을까.

집을 사고파는 과정도 너무 간단하다. 계약금을 걸고 잔금을 치르고 열쇠를 받으면 모든 일이 끝난다. 집에 철학적인 사고나 사색이 담길 여지가 없다. 평수와 가격, 그리고 앞으로 가격이 더 오를 것인지에 대한 전망만이 중요하게 다가온다. "어떤 집에서 어떻게 살아야 행복할까?"보다 "우리 집 가격이 얼마나 오를까?"에 집중하는 것이 마음에 들지 않았다. 평생 모은 재산을 아파트 한 채에 모조리 털어 넣지만 그다지 만족스럽게 지내는 것도 아니다. 아래층 사람과 얼굴을 붉히기 싫어 날이 어두워지면 까치발을 들고 걸어야 한다. 이 지점에서 우리는 과연 아파트가 우리에게 맞는 주거 형태인가 고민하게 되었다. 편리함을 얻는 대신 자유로움을 잃는다면 차라리 조금 불편하게 사는 게 낫지 않을까.

아파트에 살면서 추억을 갖기란 쉽지 않다. 단편적인 기억들은 존재할 것이다. 우리가 보낸 어떤 시간에 대한 기억 같은 것들. 하지만 장소에 대한 추억은 또렷하지 않다. 웅크리고 동화책을 읽던 낮은 다락, 형제들과 밤늦게까지 놀던 마당에 대한 이미지는 아예 가질 수 없다. 아파트에서도 물론 재미있게 놀 수 있다. 하지만 특징 없는 놀이터, 이사를 다녀도 늘 비슷한 집 구조가 아이들에게 강한 인상을 남기긴 어렵다. 아파트는 기본적인 의식주를 해결하기에는 더없이 편리한 공간이다. 정해진 공간 안에 나름 효율적으로 공간이 배치되어 있다. 동선이 복잡하지 않고 보편적인 사람들의 습관에 맞게 기획되어 있다. 하지만 잘 짜인 구도 안에서 왠지 인간미가 느껴지지 않는다. 우리 집도, 옆집도 똑같다. 친구 집에 놀러 가도 딱히 낯설지 않다.

무엇보다 아파트는 터무니없이 비싸다. 아파트 값은 여러 단계를 거치면서 부풀려진다. 첫 번째, 한국토지주택공사(이하 LH공사)가 땅을 사들이는 과정에서 한차례 가격 상승이 일어난다. 계발 예정지가 되면 땅값은 천정부지로 치솟고 일차적으로 땅 주인이 돈을 번다. 두 번째, LH공사가 택지조성을 마치고 건설업체에 넘겨줄 때 다시 한차례 가격이 오른다. 세 번째, 건설업체가 넘겨받은 땅에 아파트를 지어 분양하는 과정에서 또 비용이 부풀려진다. 네 번째, 이미 분양가에 거품이 부글부글 담겨 있는데도 분양 받은 이후에 다시 아파트 값이 오른다. 그러니 아무리 비싸다고 해도 분양권에 당첨되려고 혈안이 된다. 이때 누군가가 분양받아 살던 아파트를 매매한다면? 몇 단계에 걸친 뻥튀기 과정에 제대로 뜯기는 셈이 된다.

특히 건설사가 챙기는 이익이 엄청나다. 한번은 우리가 살던 타운하우스에 땅콩집 열풍을 일으킨 건축가이자 우리 집을 설계해 준 이현욱 소장이 방문한 적이 있다. 그는 다음과 같은 이야기를 했었다.

"이 정도면 아마 건설사가 분양가의 절반 정도를 수익으로 가져갔을 거예요."

분양가가 14억이면 건설사가 7억 정도 이익을 봤다는 말이었다. 그 이야기를 듣고 우리나라 건축 문화에 대한 믿음이 싹 사라졌다. 물론 건설사가 공짜로 집을 지어줘야 한다는 것은 아니다. 이윤을 추구해야 맞다. 하지만 적정 이윤이라는 게 있지 않은가. 이현욱 소장의 말이 사실이라면 이건 해도 너무했다.

건축가와 건설회사가 대단지를 기획하는 이유는 단 하나, 상대적으로 수익성이 높기 때문이다. 똑같은 디자인으로 30채를 건설하는 것과 단 한 채만 짓는 것, 어느 쪽이 수익이 높은지는 두말할 필요도 없다. 최소 투자로 최대 효과를 얻어야 하므로 대단지는 겉만 번지르르한 경우가 많다.

파주에 있는 어떤 단독주택 단지는 인터넷으로 보면 굉장히 화려하다. 우리도 처음에는 그런 주택을 분양받으면 좋겠다 싶어 관심을 가지고 살펴보았다. 사진만 보면 정말 훌륭했다. 당장이라도 입주해서 살고 싶을 만큼 매혹적으로 마을을 꾸며놓았다. 하지만 직접 가서 보고는 황당함을 감출 수 없었다. 도심 속 전원주택이 그 단지의 슬로건이었으나 일단 도심과 상당히 떨어져 있었다. 차로 가보니 생각보다 깊숙한 곳에 위치해 있었다. 게다가 그 마을에 가기 위해서는 반드시 다리 하나를 건너가야 하는데, 양쪽으로 차 한 대가 겨우 지나갈 수 있을 만큼 폭이 좁았다. 다리 위에 차가 많으면 옴짝달싹도 못 할 정도였다. 그렇다면 분양가라도 저렴해야 하건만 그렇지도 않았다. 건설사는 도심에서 한참 떨어져 교통이 좋지 않은 저렴한 땅을 사서 그럴듯하게 조성해놓고는 도심과 비슷한 가격으로 분양하고 있었다.

대단지의 경우 단독주택이라도 아파트와 비슷하게 분양가가 뻥튀기된다. 자재 하나를 저렴한 걸로 바꿔치기해도 건설사의 전체 수익이 확 달라진다. 단독주택 한 채에서는 200만 원짜리를 100만 원짜리로 바꿨봤자 수치상 100만 원의 수익이 더 생기겠지만 대규모 주택 단지라면 이야기가 완전히 달라진다. 자재 하나로 몇 억 원의 돈이 왔다 갔다 할 수 있다. 분양을 받는 사람이 집 짓는 사이사이 자재를 일일이 확인하러 오는 것도 아니기에 알

길이 없다. 건축 후에 눈에 보이는 마감재는 입주자가 알아챌 수 있지만 내장재의 경우 건물을 뜯어보지 않는 한, 알아낼 수 없다. 철근이 열 개가 들어갔는지 일곱 개가 들어갔는지 확인하고 입주하는 사람은 없다. 건설사가 마음만 먹으면 엄청난 수익을 낼 수 있는 것이다. 단독주택 단지는 아파트보다도 훨씬 더 분양가가 뻥튀기되어 있다고 한다. 이래저래 우리는 속을 수밖에 없다.

CHECK POINT

단독주택이 꼭 정답은 아니다

아파트는 사람이 살기에 적합하지 않은 곳이며 단독주택이 최상의 주거 형태인 것처럼 주장하는 건축가들이 간혹 있다. 우리도 처음에는 그들의 말이 옳다고 느꼈다. 하지만 지금은 그렇게 생각하지 않는다. 물론 아파트에는 여러 가지 부정적인 요소들이 있다. 그렇지만 부정적인 요소를 잠재우고도 남을 만큼 획기적인 편리함이 있다. 이런 편리함을 무가치하다고 폄하하고, 단독주택의 장점만 나열하는 것은 옳지 않다. 그것은 영업 행위에 불과하다.

단독주택이 맞는 사람이 있고 아파트가 맞는 사람이 있다. 특히 노인들에게는 엘리베이터가 있는 아파트가 낫다. 우리도 나이가 들면 아파트로 들어갈 생각이다. 결국 '단독주택과 아파트, 어디가 더 살기에 좋은가?'라는 논쟁은 취향과 생활방식의 차이에서 기인할 뿐, 어떤 주거 형태가 절대적으로 더 우수하고 또 더 열등한지는 함부로 판단할 수 없다.

좋은 건축가라면 다른 구조의 건축물을 비난할 이유가 없다. 자신이 짓는 건축물에만 최선을 다하면 된다. 어쩌면 일부 건축가들이 지나치리만큼 아파트를 비난하는 것은 개인의 이익과 관련 있는 것이 아닐까. 사람들이 집을 많이 지을수록 건축가들의 일거리도 늘어나는 셈이니 말이다.

오래전 텔레비전 프로그램 중에 소년소녀 가장이나 생활이 어려운 사람들에게 집을 예쁘게 지어주는 코너가 있었다. 가족 구성원의 취향을 고려해 세심하게 설계를 하고 또 모두들 기뻐하는 모습을 보고 있노라면 그냥 흐뭇한 미소가 지어졌다. 여기에는 일정한 공통점이 있었다. 건축가의 창의력이 집 안 구석구석에 묻어 있다는 것. 감탄사가 절로 튀어나올 만큼 획기적이고 특이한 디자인으로 집을 지었다는 것이다. 보다 보면 '와, 저런 집에서 살 수 있다니 정말 저 가족은 행운이겠다.' 하는 생각이 절로 들었다. 더불어 건축가의 자상하고도 특이한 상상력을 칭찬하지 않을 수가 없었다.

그런데 이런 프로그램에 대해 우려의 목소리를 내는 사람들도 있었다. 예쁘고 독특한 디자인으로 집을 짓는 것까지는 좋다. 하지만 특이한 방식으로 설계를 하게 되면 그만큼 하자가 발생할 가능성이 높다. 지금 당장이야 문제가 없겠지만 몇 년이 지나 하자가 생겼을 때 도의적인 책임을 지고 정성을 기울여 고쳐줄 건축가나 시공사가 얼마나 될까. 집이라는 게 간단한 문제가 발생해도 일단 손을 대면 적지 않은 돈이 들어간다. 방송에서 발 벗고 집까지 지어줄 만큼 생활고를 겪는 사람들이 엄청난 수리비를 감당할 수 있을까. 그래서 어떤 건축가들은 그런 사람들에게 집을 예쁘고 특별하게 지어줄 것이 아니라 차라리 아파트를 하나 사주는 게 낫다는 말을 한다. 아파트의 경우 단독주택보다 하자가 일어날 가능성이 적으며, 문제가 생긴다고 해도 수리비가 훨씬 적게 들어가기 때문이다(물론 요즘에는 아파트 부실 공사에 관한 기사가 심심찮게 올라오긴 하지만). 그렇게 공들여 예쁜 집을 지었다는 것이 건축가의 경력을 멋지게 장식해줄 것이다. 결국 사는 사람을 위한 집짓기가 아니라 만드는 사람을 위한 집짓기다.

단독주택에는 장점이 많다. 하지만 무조건 아파트가 나쁘다, 모든 사람은 단독주택에 살아야 한다는 식의 의견에는 동의할 수 없다. 아파트에 여러 단점이 있는 것은 사실이지만 단독주택도 만만치 않은 단점이 있다. 그런 점들에 대해서는 입을 닫은 채 무조건 단독주택에 살아야 행복해진다고 말하는 것은 분명 문제가 있다.

서로를 더 깊이 이해하다

우리는 조금 섣부르게 집짓기에 돌입했다. 그리고 엄청난 시행착오들이 있었다. 집 짓는 과정은 정말 모든 것이 예상과 달랐다. 생각지도 못했던 문제가 터지고, 믿었던 사람들과 신뢰가 깨지기도 했다. 예산은 예상했던 금액을 훌쩍 넘어섰다.

처음에 집을 짓기 전 어떤 건축가는 우리에게 다시 잘 생각해보라는 충고를 해주었다. 만일 우리나라 건축가들처럼 집을 대충 짓는다면 미국이나 일본, 유럽에서는 교도소에 가야 할 거라면서 집을 짓는다는 것이 생각보다 쉽지 않다고 했다. 하지만 그때 우리는 귀를 닫았다. 집을 짓는 과정에서 대부분의 건축주들이 마음에 큰 상처를 입는다. 우리도 마찬가지였다. 우리가 기대하고 예상했던 것과는 너무나 동떨어진 현장을 보며 울화가 치민 순간이 한두 번이 아니었다.

하지만 얻은 것도 분명 있었다. 우리 부부가 서로를 더 깊이 이해한 시간이었다. 아마 집을 짓지 않았다면 몇 십 년을 같이 살아도 그렇게까지 서로에 대해 잘 알지 못했을 것이다. 우리는 정말 많은 이야기를 나누었다. 매일매일 입이 아프도록 이야기를 했다. 그런데도 다음 날이 되면 또 말할 것들이 쏟아졌다. 간혹 의견이 맞지 않는 부분이 생기면 더 많은 대화를 통해 차이를 좁혔다.

우리는 수많은 선택을 해야 했다. 거기에는 어떠한 정답도 없었다. 하물며 어떤 조명을 달 것인지, 어디에 화장실 수전을 설치할 것인지, 어떤 색의 타일을 붙일지 등을 결정하기 위해 오랫동안 머리를 맞대고 상의했다. 매장에 가서 물건을 고르다가 마음에 드는 것이 없으면 얼른 차를 돌려 다른 상점으로 갔다. 그건 일종의 탐험과 비슷했는데, 물건에 대한 탐험이라기보다는 우리의 취향에 대한 탐험이었다. 둘 다 평생 한 번도 받아보지 않은 질문을 받은 셈이었다. 정답을 몰라 쩔쩔매는 과정은 분명 힘들었지만 모든 문제를 풀고 나서는 더없는 만족감이 찾아들었다. 힘들어서 중간에 그만두고 싶은 순간이 많았지만 집을 짓고 나니 분명 다른 세상이 열렸다. 땅이 주는 안정감, 텃밭에서 무럭무럭 자라나는 채소들이 주는 기쁨, 깜깜한 밤 마당에 나와 별을 바라보는 행복은 이전에는 상상조차 하지 못했던 일상이었다.

우리만의 집을 짓기로 결정하다

결혼할 때부터 우리 부부는 언젠가 집을 짓자는 이야기를 나누곤 했다. 다만 일찍 집을 지을 생각은 아니었다. 살림도 손에 좀 익고 아이도 유치원에 갈 즈음이면 딱 좋겠다고 막연히 생각하고 있었다. 살다 보면 어떤 집을 지으면 좋을지 대충 감이 잡히고, 아이를 위한 공간도 잘 생각해서 지을 수 있을 것 같았기 때문이다.

그러다 타운하우스의 전세 만기가 다가오면서 무조건 이사를 가야 했다. 다른 소소한 단점은 참을 수 있었지만 겨울에 너무 춥다는 것이 고통이었다. 안 그래도 비싼 관리비에 살인적인 난방비까지 감수하면서 살고 싶지는 않았다. 우리야 겨울철에 두꺼운 점퍼를 입고 버틴다지만 곧 아기가 태어나면 어쩔까 싶었다. 그즈음 전세 값이 마구 올라 우리 집과 똑같은 평형의 집들이 7억에 나오기 시작했다. 우리가 집을 구할 때보다 2억이나 올라 있었다. 겉으로는 근사해 보이지만 실제 살아보니 불편한 점이 한두 가지가 아니었는데 전세 값이 오르는 것을 보니 황당하기도 하고 허탈하기도 했다. 더 오래 살고 싶지도 않았지만, 전세를 연장하고 싶어도 전세금을 2억 넘게 올려줘야 하는 상황이 되어버린 것이다.

그러던 중에 최병성 목사가 쓴《대한민국 쓰레기 시멘트의 비밀》이라는 책을 읽게 되었다. 이 책은 우리에게 대단히 큰 충격을 주었다. 이전까지 우리는 집의 재료에 대해서 별다른 생각이 없었다. 예민하게 굴었다고 해봐야 단독주택이 좋은지, 아파트가 좋은지, 타운하우스의 장점이 무엇인지 정도였다. 시멘트로 지은 집이 그렇게 많은 문제를 품고 있다고는 상상도 하지 못했다. 이제 곧 태어날 아기를 독성 성분이 가득한 집에서 자라게 할 수는 없는 노릇이었다. 모르면 넘어갔겠지만 알고 나자 마음이 급해졌다. 살면 살수록 건강해지는 친환경 주택을 지어야겠다는 생각이 강해졌다.

"우리, 준비가 하나도 안 되었는데 괜찮을까요?"

"그건 그렇지만 머뭇거리다가 아예 때를 놓칠 수도 있잖아."

당장 집을 지어야 아기를 건강하게 키울 수 있을 것 같다는 섣부른 마음이 생기기도 했고 아무것도 준비되지 않은 상태라 살짝 겁이 나기도 했다. 그러나 어쨌든 이사를 하긴 해야 했다.

문득 '건축주 자격시험'이 있는 것도 아닌데 싶었다. 이래저래 상황이 맞으면 그냥 저질러도 되지 않을까. 우리는 집을 짓기로 했다. 하루하루 올라가는 전세 값을 따라잡느라 2년마다 등골이 서늘해지는 경험을 더는 하지 않아도 된다. 마음에 드는 집을 찾아 여기저기 기웃대는 시간을 보낼 필요도 없다. 방사능이 나온다는 쓰레기 시멘트가 아닌 친환경 집을 짓는다면 우리 가족이 걱정 없이 안전하게 살 수 있다.

더 나아가 우리는 어떤 정체성을 찾고 싶었던 것 같다. 넓고 고급스러운 집을 찾아 우리를 밀어 넣는 것이 아니라 우리가 중심이 된 공간을 직접 만들고 싶은 마음이랄까. 획일적으로 지어진 아파트나 타운하우스에서 살아오면서 느꼈던 답답함을 이제는 풀고 싶었다. 아파트를 사는 데는 돈만 있으면 된다. 하지만 단독주택은 돈으로만 짓는 것이 아니다. 우리만의 확고한 생각과 노력이 필요하다. 그 점이 우리에게 대단히 매력적으로 다가왔다.

아이는 하루 종일 온 집 안을 뛰어다닐 것이다. 튼튼한 다리를 가진 아이, 그리고 무엇보다 밝은 심성을 가진 아이로 커나갈 수 있지 않을까. 여기까지 생각이 미치자 반드시 우리만의 집이 있어야 할 것 같았다. 일단 집을 짓기로 결정하자 핑크빛 꿈이 몽실몽실 피어났다. 마당 한쪽에 아이 이름이 붙은 화단을 만들어줄 수도 있다. 꽃씨를 심은 다음 싹이 트고 망울이 맺히기를 기다렸다가 활짝 꽃이 피면 기념사진을 찍어줄 수도 있다. 생일에는 친구들을 초대해 마당에서 종일 비눗방울 놀이를 할 수도 있는 자유로운 공간, 그런 집을 지어보자! 아파트에 사는 것보다는 손이 많이 갈 것이다. 하지만 불편하고 번거로운 만큼 더욱 건강하게 살 수 있다. 수동적으로 일상이 흘러가는 게 아니라 살아 있다는 것이 매 순간 생생하게 느껴질 것이다.

집을 짓기로 결정했을 때 우리는 정말 행복했다. 나중에 아이가 자라면 집에 대해 해줄 이야기가 얼마나 많을까. 마당에 있는 나무 한 그루, 풀 한 포기에도 온갖 이야기가 숨어 있는 집을 꿈꾸었다. 집을 짓는 과정이 그토록 험난할 것이라고는 전혀 예상하지 못한 채. 그저 집을 짓기로 맘먹으면 근사한 집이 뚝딱 지어질 것 같았다. 힘이 들긴 하겠지만 그 과정도 나름대로 낭만적일 것이라고 생각했다.

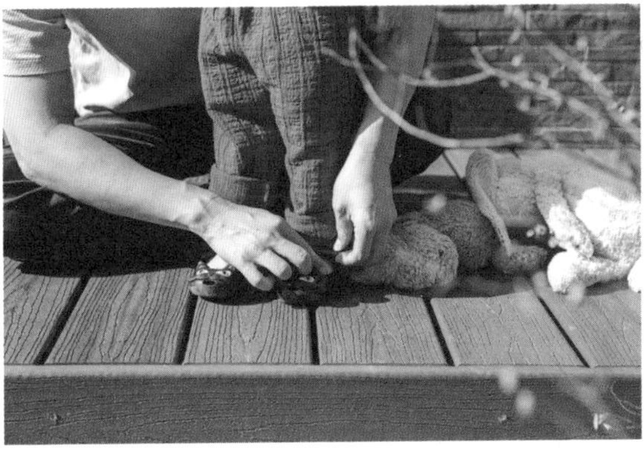

아이와 함께할 우리의 미래는 어떨까, 집에 대한 서로의 생각이 어떤지 묻고 듣고 공유하는 시간이 좋았다.

#2 부부의 내 땅 찾아 3만 리

어떤 땅을 선택하느냐가 아이의 미래를 결정한다

집을 지을 때 고려해야 할 것이 한두 가지가 아니겠지만 우리에게 가장 중요한 부분은 바로 '아이에게 어떤 교육 환경을 제공할 것인가?'였다. 아이를 낳을 계획이 없는 부부 또는 이미 자녀가 장성해 출가한 노부부가 집을 짓는다면 이 부분은 전적으로 간과해도 상관없다. 하지만 우리에게는 곧 태어날 아기가 있기 때문에 그 문제가 가장 중요했다. 처음에는 시멘트로 만든 집이 좋지 않다는 이야기에 친환경 주택을 짓자는 데에만 온 신경이 가 있었다. 하지만 막상 동네를 물색하면서 주위에 조언을 구하다 보니 어떤 환경에서 아이를 기를 것인지 결정하는 게 상당히 중요하다는 것을 알게 되었다.

집값은 그 동네에 얼마나 많은 교육 시설이 있느냐에 지대한 영향을 받는다. 사교육 환경이 잘 형성되어 있는 정도를 넘어 각종 학원들로 골목이 터져버릴 것 같은 강남 지역은 비정상적으로 집값이 비싸다. 반대로 같은 서울이라도 동네에 학원이 별로 없는 동네는 집값이 잘 오르지 않는다. 서울뿐만이 아니다. 일산만 해도 학원가가 잘 형성되어 있는 곳은 다른 데보다 확연히 비싸다.

"외곽 쪽에 집을 지을까 생각 중이야. 살기에도 조용하니 좋고."

"뭐? 그럼 애 교육은 어떻게 시키려고. 지금은 잘 모르겠지만 애가 크면 분명 후회할 거야!"

괜찮은 직업을 가지고 강남에서 사는 지인들이 더 난리였다. 돈이 없어서 그런 거라면 빚을 내서라도 강남에 일단 자리를 잡아야 한다고 했다.

강남에 산다는 것은 단순히 동네를 고르는 문제를 넘어선다. 만약 강남 8학군에 집을 산다면 아이가 막 걸음마를 시작할 무렵부터 각종 조기교육에 발을 담글지도 모른다. 선택의 문제가 아닌 것이다. 강남에 들어가서 살겠다는 것은 아이를 사교육 수레바퀴에 집어넣어 공부하는 기계로 만들겠다는 이야기나 다를 바 없다. 그들은 정말 강남에서 사는 것이 최고로 만족스러워서 그러는 것일까. 그들 대부분은 강남을 떠나본 적이 없었다. 강남에서 태어나고 자라서 명문대를 나와 좋은 직업을 가지고 있는 사람들이었다. 자식들 역시 강남에서 비싼 사교육을 시키는 중이었다. 우리는 정말 궁금했다.

"그렇게 사는 게 재미있고 행복하기는 해?"

"집에 가면 자식들이 쳐다보지도 않아. 돈 버는 기계지, 뭐."

"그럼 돈은 많이 모았냐?"

"많이 벌기는 하는데 나가는 것도 그만큼이라 딱히 남는 건 없더라."

"애들하고 대화는 좀 하고?"

"대화는 무슨 대화냐. 학원 가기도 바쁜 애한테."

나름 강남식 사교육으로 성공했다는 그들이 그리 행복해 보이지 않았다. 뭔가 이야기가 이상했다. 그렇다면 그들은 미래를 위해 현재를 희생하고 있는 것일까.

"그래도 아이들 열심히 비싼 교육 시켰으니 대학은 잘 가겠지."

"물정을 모르는구나. 당연히 아니지. 요새 좋은 대학 가기가 얼마나 어려운데."

단단한 신념을 가지고 그곳에 버티고 있는 것처럼 보이는 지인들도 속속들이 들여다보면 딱히 그렇지 않았다. 그저 관성적으로, 혹은 다른 선택이 두려워서 그 틀을 벗어나지 못하는 것 같았다.

과거 어느 시절에는 강남식 사교육이 정답이었을 것이다. 빚을 내서라도 그 안에 입성하면 많은 것이 해결되던 때도 있었다. 버티고 있다 보면 집값이 올라 빚을 회복하고도 남았다. 자식들은 명문대에 입학해 부모를 기쁘게 해주고 졸업 후에는 좋은 직업을 갖게 되어 집안을 일으키는 인생 역전 드라마가 충분히 가능했다. 그때는 명문대 졸업만으로도 많은 것이 주어지던 시대였다. 대학 간판 하나만 있어도 좋은 직장에 들어갈 수 있었다.

그러나 지금은 그때와 다르다. 죽기 살기로 강남에 들어가 노후 자금이며 뭐며 다 학원에 쏟아붓는다 해도 자식이 명문대에 진학한다는 보장이 없다. 설령 서울대에 간다 해도 미래가 불투명한 것은 마찬가지다. 생각해보라. 의사, 한의사, 약사라면 각광받던 시절이 있었지만 지금은 예전 같지 않다. 문을 닫는 병원도 속출

한다. 이렇게 되리라고 누가 상상이나 했을까. 우리 아이가 성인이 되는 20년 후에는 또 어떻게 변할지 알 수 없는 노릇이다. 한때 온갖 사교육의 수혜를 받아 미국 아이비리그에 진출했던 사람들이 지금 무엇을 하고 있는지 들여다보면 훨씬 대답이 명쾌해진다. 바라던 대로 글로벌 리더로 성장했다는 사람은 거의 들어본 적이 없다. 미국 명문대를 나온 적잖은 사람들이 강남에서 입시학원 강사를 하고 있다. 그나마도 자리를 잡지 못해 음식점을 차리는 경우도 있다.

기사에 보면 강남의 진학률은 다른 지역과 확연히 구분된다. 상당한 인원이 명문대에 진학한다. 하지만 그건 초등학교 때부터 졸린 눈을 비벼가며 자정이 넘어서까지 학원에서 수학 문제를 푼 대가다. 미래의 행복을 위한 희생이라고 위로하기에는 아이들 손에 확실하게 쥐여줄 장밋빛 꿈이 있는 것도 아니다. 많은 아이들이 명문대에 갈 수 있다고는 하지만 어릴 때부터 오랜 시간을 학원에서 보냈다고 해서 누구나 명문대에 가는 것도 아니기 때문이다.

휘황찬란한 학원 골목가 구석구석에 청소년 클리닉 같은 그럴싸한 간판을 내건 신경정신과가 숨어 있는 이유는 무엇일까. 강남에서 살지 않는 사람에게는 이 모든 상황이 정상적으로 보이지는 않는다.

우리는 더욱 마음을 굳혔다. 지인들이 추구하는 삶은 결코 미래지향적이지 않았다. 이야기를 나누면 나눌수록 강남 혹은 학원이

미래를 위해 현재를 희생하는 삶보다 지금, 여기에서 행복할 것.

밀집한 지역에 살지 않아도 괜찮을 것 같다는 확신이 오히려 더 강해진 것이다.

우리는 학벌 같은 것들이 얼마나 공허한지 삶으로 알고 있다. 우리 둘 다 명문대 타이틀로 성공한 사람들이 아니다. 남편은 대학 시절 학점이 2.2였다. 하지만 베스트셀러 작가가 되기 위해 열심히 글을 써서 이름을 알렸다. 아내는 일찌감치 학교를 그만두고 열심히 당구를 쳐서 세계대회에서 우승까지 거두었다. 치열한 입시를 통해 우리의 존재를 증명한 것이 아니라 우리가 좋아하는 것을 스스로 찾아 그 길을 열심히 달려왔다. 우리가 현재 각자의 분야에서 최고라고 말할 수는 없지만 지금도 끊임없이 노력하고 계속 발전하고 있다고는 자부할 수 있다. 우리가 그런 삶을 살아왔기에 이번 결정 역시 빠르고 쉬웠다.

우리는 아이가 지금 사람들이 생각하는 잣대와는 조금 다른 기준의 인재가 되었으면 좋겠다. 하버드대나 예일대를 나와 눈높이에 맞는 직장을 찾지 못해 실망하는 삶보다는 아프리카나 분쟁지역을 돌며 어떤 일이든 씩씩하게 해낼 수 있는 사람이 되었으면 좋겠다. 명문대를 가기 위해 새벽부터 좁은 학원에서 시달리는 아이가 아니라 바람과 별과 꽃을 보고 한동안 생각에 잠길 수 있는 아이가 되었으면 좋겠다.

물론 아이가 자라서 한창 중고등학교에 다닐 때 이런 말을 할 수는 있다.

“엄마, 아빠! 집 주변에 다닐 만한 학원이 너무 없어요. 저도 친구들처럼 강남에 있는 학원에 다니면 안 돼요? 가서 미친 듯이 공부 좀 해보고 싶어요. 우리 이사 가요.”

그러면 우리는 주저하지 않고 강남으로 가겠다. 아이가 해보고 싶다는데 막을 이유는 없지 않은가.

하지만 아마도 그럴 일은 없을 것 같다.

전원주택에 대한 환상이 깨지다

어떤 집을 지을 것이냐는 철저하게 건축주의 취향이나 생활 패턴에 달려 있다. 집이 괜히 커야 청소하기만 힘들다고 선호하지 않는 사람도 있고, 무조건 집은 넓어야 한다고 생각하는 사람도 있다. 우리는 후자였다. 집이 크면 건축비도 비쌀 것이고 관리비도 많이 들 것이다. 하지만 우리는 집과 작업실을 겸해야 하니 일반적인 주택보다 커야 했다. 작업실을 따로 얻으려면 주거만을 위한 아파트나 오피스텔을 사고 나서 또 사무실을 마련해야 했으므로 그 비용을 감안한다면 건축비가 조금 더 들더라도 결론적으로는 이익이라 여겼다.

'어떤 집을 지을 것인가?' 이 물음은 곧 '어떤 삶을 살 것인가?'로 이어진다.

그런 의미에서 전원주택은 우리 구미에 잘 맞는 형태였다. 더군다나 땅값이 저렴하여 우리가 원하는 큰 집을 짓기에 적당했다. 산 좋고 물 좋은 곳에 집을 짓고 사는 것은 누구나 꿈꾸는 이상 아닐까. 우리도 마찬가지였다. 조용하고 평화로운 곳에서 유유자적 삶을 누리기에 전원주택만큼 좋은 곳이 있을까 싶었다. 푸른 녹음이 짙은 시골에서 자유롭게 자연을 만끽하고 그 안에서 순수하게 아이를 키울 수 있다면 그보다 더 좋은 집은 없다고 생각했다. 아이는 한글이나 덧셈, 뺄셈보다 더 고귀한 자연의 진리를 저절로 터득할 수 있고 바람과 햇살을 받아 더없이 건강하게 자랄 것이다.

다들 자연에서 아이를 키우고 싶어 하지만 여러 가지 제약으로 인해 선뜻 결심하지 못한다. 그것은 아이의 교육 문제 때문일 수도 있고, 직장과의 거리 때문일 수도 있다. 보통은 은퇴하고 나서야 전원주택을 선택할 여지가 생긴다. 한창 공부하고 일할 나이에 전원으로 들어갔다가는 매일 아침저녁으로 여행하듯 학교와 직장을 오가야 하기 때문이다. 그래서 대안으로 주말농장을 가꾸거나 휴일에 펜션을 빌린다. 팍팍한 도시의 삶 저편에 위대한 자연이 있다는 것을 그렇게라도 알려주고 싶은 것이다.

그런 면에서 전원주택은 우리 부부에게 아주 적합한 주거 환경이었다. 둘 다 자유 직업인이어서 남들처럼 일정한 시간에 출퇴근을 해야 하는 부담이 없었다. 가장 중요한 아이의 교육 문제에 있어서도 결심이 확고했다. 아이의 유년 시절을 학원가만 빙빙 돌리며 보내게 하지 않을 생각이었다. 도심으로 나와야 할 경우에는 덜 막힐 때를 틈타면 되었다. 우리의 외출 시간이 출퇴근 시간과 겹치는 일은 1년 중 몇 번 되지 않을 터였다. 전원주택이라면 땅값이 상당히 저렴할 것이고, 그렇다면 예산도 많이 넘어서지 않을 것 같았다.

확실히 산속 깊숙이 들어가면 들어갈수록 땅값은 저렴했다. 거래 단위도 커서 보통 200~300평 정도의 땅이 나와 있었다. 넓은 땅을 보는 순간 가슴이 탁 트였다. 그 안에 150평 정도의 작업실을 겸한 대궐 같은 집을 지어도 여전히 150평의 커다란 마당이 남았다. 하지만 알아보면 알아볼수록 전원주택이 가진 치명적인 단점이 눈에 띄기 시작했다.

첫째, 전원주택 단지에 거주하는 사람들은 거의 대부분 은퇴를 했다는 것이다. 이는 어쩔 수 없었다. 젊은 사람이 깊숙한 시골까지 들어가서 살 수는 없기 때문이다. 다들 교육 때문에, 직장 때문에 도시를 떠날 수 없다. 그렇다 보니 막상 우리와 같이 어울려서 살 만한 또래 이웃들이 없다. 물론 은퇴한 분들과 관계를 맺는 것도 여러 가지 장점이 있다. 그들에게서 삶의 여유와 지혜, 그리고 온갖 세상의 경험들을 전해 들을 수 있다. 하지만 우리에게는 아기가 있다. 아이에게는 같이 성장하며 교감을 나눌 친구가 필요하다. 홀로 들판에서 뛰놀게 할 수는 없는 일이었다.

둘째, 그나마 사람이 매일매일 거주하는 집은 몇 되지 않는다는 것이다. 대부분 전원주택을 별장처럼 썼다. 그러니까 평일에는 비어 있다가 간혹 주말에 쉬러 오는 식이었다. 차라리 아무것도 없는 빈 땅이라면 상관없다. 하지만 멀쩡히 건물이 있는데 계속 비어 있다고 생각하니까 왠지 쓸쓸한 기분이 들 것 같았다. 매일 얼굴을 보지만 절대 눈을 마주치지 않고 인사조차 건네지 않는 냉랭한 이웃 사이에 있는 기분이랄까.

셋째, 벌레와의 전쟁도 만만히 볼 일은 아니라는 점이다. 생전 처음 보는 벌레들이 마구잡이로 집 안에 들이닥치는 것은 물론, 모기 한 마리도 도시와는 비교도 안 될 만큼 강하고 독하다. 따뜻한 낮 동안에는 전원생활을 만끽하겠지만 어둑해지는 순간부터 벌레를 쫓기 위해 각종 고약한 약품들을 집 구석구석에 뿌려대야 할지도 모른다.

넷째, 가장 충격적이었던 부분인데, 생각보다 전원주택이 안전하지 않다는 것이다. 시골에는 전원주택만 노리는 전문 털이범들이 존재했다. 산 위에 텐트를 치고 지내며 몇 날 며칠을 망원경으로 주인의 생활 패턴을 관찰한 후에 허점을 노린다고 했다. 방송에 보도될 정도로 실제 피해를 입은 집들이 제법 있었다. 여기까지 알게 되자 전원주택에 대한 꿈이 서서히 사그라지기 시작했다. 모든 아름다움의 뒤편에는 그늘이 있다지만 이건 아무리 생각해도 우리가 감당할 수 있는 부분이 아니었다.

아주 깊은 산속이 아니라 도심과 가까운 곳의 전원주택은 낫지 않을까 싶어 몇 군데 땅을 더 봤다. 어느 날 차를 몰고 가다 보니 풍경도 좋고 땅도 좋은 데가 눈에 띄었다. 땅값도 비싸지 않았다. 평당 80~100만 원 정도였다.

"100평 정도 되는 땅을 사서 실컷 건물을 올려도 5억이 채 안 들 것 같은데?"

"정말? 그럼 그 가격에 집을 다 지을 수 있는 거예요?"

우리가 예상했던 금액보다 적은 돈으로 괜찮은 집을 지을 수 있다고 생각하니 마음이 다시 설렜다. 여러 가지 단점이 있다고는 해도 살다 보면 괜찮아지지 않을까 하는 마음도 생겼다. 아주 깊은 산속의 전원주택이 아니니 고립감도 덜할 터였다. 대충 결정해야겠다는 생각에 주변을 꼼꼼하게 둘러보았다.

그런데 땅을 보고 집으로 돌아가는 길, 다시 마음이 무거워졌다. 편도 일차로밖에 안 되는 좁은 도로 옆으로 논이 넓게 펼쳐져 있었다. 이미 어둑어둑해진 길이라 오가는 차도 거의 없었고 개구리들의 울음소리만 하염없이 들려왔다. 아마 영화에서 그런 장면을 봤다면 마음이 고요해지는 평온함을 느꼈을지도 모르겠다. 하지만 현실은 다르다. 남편이야 잠깐 으스스한 기분이 들고 만다고 해도 아내가 저녁에 일을 마치고 홀로 그 길을 견디며 집까지 오는 것은 쉽지 않아 보였다.

길을 돌아 나오며 비로소 우리 부부는 전원주택에 대한 환상에서 완전히 벗어났다. 그림 같은 풍경은 멀리서 바라볼 때 아름다운 법이었다. 정작 그림 안의 삶은 적막하거나 위험할 수 있었다.

파주 교하에 터를 잡기로 결정하다

도심으로 나와 단독주택 부지를 찾아보니 가격이 너무 비쌌다. 거기에 집 짓는 비용까지 계산하면 우리가 정한 예산을 훌쩍 넘기는 건 일도 아닐 듯싶었다.

마음에 들면서 가격도 잘 맞는 땅을 찾기가 생각보다 쉽지 않았다. 이곳저곳 더 둘러봤지만 우리가 원하는 지점과 딱 맞아떨어지는 곳이 없었다. 가격이 매력적이면 위치가 마음에 들지 않았고, 위치가 마음에 들면 가격이 어마어마했다. 어렵사리 두 가지 다 괜찮은 곳을 찾았지만 땅 크기가 너무 작았다. 얼른 결정이 나지 않으니 집을 짓기도 전에 지레 지치기 시작했다.

어느 날 또 땅을 알아보다가 적당한 곳을 찾지 못해 낙담하고 집에 돌아가던 길, 저녁 7~8시쯤 되어 사방이 어두워지는 와중에 불이 켜진 부동산 하나가 눈에 들어왔다.

"저기 한 군데만 더 들어가서 물어보자."

"가봤자 별 뾰족한 수가 있을까요?"

"그래도, 혹시 모르잖아."

딱히 기대를 한 것은 아니었다. 지푸라기라도 잡는 심정으로 부동산에 들어갔다.

"집 지을 땅을 좀 사려는데요."

"아, 마침 정말 좋은 땅이 나왔는데, 한번 보실래요?"

부동산 사장이 우리 말을 듣자마자 반색을 했다. 마침 교하지구에 좋은 매물이 나와 있다는 것이었다. 당장 땅을 보러 가자며 서둘렀다. 부동산에서는 무조건 거래를 성사시키기 위해 과장해서 이야기하는 경우가 많다. 그때도 그 부동산 사장이 괜찮다고 호들갑을 떨었지만 우리는 크게 기대하지 않았다. 그런데 막상 가서 땅을 보니 정말 눈이 번쩍 뜨였다. 땅 크기도 우리가 원하는 정도였고 위치도 좋은 데다 가격도 잘 맞았다. 확실히는 알 수 없지만 분명 좋은 땅이었다. 운명처럼 우리가 살 땅을 찾았다는 기쁨에 가슴이 뛰었다.

그러나 기쁨도 잠시. 부동산 사장이 난처한 표정을 지었다.

"이런, 어쩌지. 죄송해요. 이 땅이 아니네요. 제가 착각했어요. 이 땅은 3억 9000짜리가 아니라 7억 5000에 나온 물건이네요. 주소를 잘못 찍었어요."

7억 5000짜리 땅을 3억 9000이라고 했으니 당연히 마음에 들 수밖에. 기대감이 순식간에 실망으로 바뀌었다. 마음에 들지 않는 땅들을 볼 때보다 마음에 드는 땅을 봤으나 살 수가 없는 상황이 되니 더 힘이 빠졌다.

그날 저녁 부동산 사장이 보여준 땅은 우리가 가진 예산을 크게 웃돌아서 포기할 수밖에 없었지만 우리는 그 동네가 마음에 들었다. 이왕 이렇게 된 것, 동네에 또 다른 땅이 없는지 알아봐야겠다고 생각했다.

자문을 구하기 위해 이현욱 소장에게 연락을 했다. 그랬더니 흔쾌히 같이 땅을 보러 가주겠다고 했다. 전문가가 나서준다니 든든한 지원군을 얻은 기분이었다. 사나흘 정도 함께 땅을 보러 다녔다. 그런데 이현욱 소장도 그렇고 다른 지인들도 모두 우리 마음에 들었던 교하보다는 운정지구를 추천했다. 교하에 비해 운정지구가 도시계획이 잘되어 있다는 것이다. 운정지구는 신도시인 만큼 지하철도 있고 공원도 잘 꾸며져 있어 확실히 주거공간으로서는 우월했다. 게다가 부동산에서도 교하보다는 운정지구가 훨씬 낫다고 딱 잘라 말했다. 이유는 명확했다. 교하 쪽은 땅값이 절대 오르지 않는다는 것이었다. 비싼 값에 되팔겠다는 생각부터 하고 집을 짓는 것은 아니지만 아무래도 큰돈이 들어가는 일이다 보니 마음이 흔들렸다.

그런데 결정적으로 운정지구가 교하에 비해 땅이 작았다. 교하 단독주택 부지는 100~160평대가 대부분이었는데 운정지구 단독주택 부지는 60~80평대가 대부분이었다. 건폐율(땅에 지을 수 있

우리는 남들이 반대하는 곳에 터를 잡았다. 다른 어떤 가치보다 우리 가족이 만족스럽게 사는 삶에 우선순위를 두고 내린 결정이었다.

는 1층 바닥 면적의 비율)이 50퍼센트이니 70평이면 1층에 35평 넓이의 집을 지을 수 있다는 말인데, 우리가 애초 생각했던 것에 비해 작았다. 우리 가족이 살 집만 짓는다면 충분하겠지만 따로 작업실까지 꾸미기에는 좀 모자랐다.

우리는 고민에 빠졌다. 집을 재산 가치로만 보는 현 세태에 분명 염증이 난 것은 맞지만 자본주의 시대에 살면서 그 부분을 완전히 모른 체할 수는 없었다. 그렇다고 집을 짓기도 전에 아쉬운 생각이 가득한 상태에서 일을 진행할 수는 없었다.

결국 우리는 남들이 반대하는 교하 쪽에 터를 잡기로 결정했다. 재산 가치보다 그 집에서 사는 시간이 더 소중하다는 판단을 한 것이다. 내내 불만을 가지고 살다가 나중에 돈을 더 받고 파는 것보다는 사는 동안 충분히 만족스럽게 사는 것이 훨씬 더 가치 있어 보였다. 거기에다 우리가 사려던 땅 근처에는 도서관과 공원이 있었다. 그건 무엇과도 비교할 수 없을 만큼 큰 장점이었다. 그 어떤 교육 시설보다 우리 가족에게 큰 만족감을 줄 것이다. 거기까지 생각이 미치자 더 이상 고민할 이유가 없었다. 돈보다는 만족스러운 시간, 그리고 아이를 위한 도서관과 공원을 선택하는 것이 당연했다.

땅 선택, 부동산에 맡기라고? 의심은 나의 힘!

땅을 보러 다니면서 우리를 가장 힘들게 했던 것은 부동산에서 이야기하는 것이 완벽한 진실은 아니라는 점이었다. 우리가 아무리 열심히 연구한다고 해도 그 땅에 대해서 모든 것을 알 수는 없었다. 대략 위치나 주변 환경을 보면서 좋다, 안 좋다 감이 드는 정도라 구체적이고 예민하게 판단할 수가 없었던 것이다. 어찌 보면 부동산업자가 우리에게 모든 것을 다 이야기할 리가 없었다. 보유한 물건을 어떻게든 팔기 위해 단점을 가능한 한 숨기거나 가볍게 넘기고 장점을 부풀릴 확률이 높았다.

결국 땅에 대해 잘 모르는 사람이 좋은 땅을 사는 방법은 단 하나였다. 나와 있는 땅 중에서 가장 비싼 땅을 사면 된다. 시세는 가장 명확한 기준이다. 싼 땅은 반드시 비싼 땅보다 단점을 더 많이 가지고 있고 비싼 땅은 그만한 가치가 있다. 물론 개인적인 선호에 따라서 단점이 장점으로 변할 수도 있고 장점이 단점이 될 수도 있다. 아파트라면 이러한 판단 기준이 명확하다. 역세권이고 교육 환경이 잘 갖춰져 있는 곳이 가장 비싸다. 하지만 아이가 없는 사람들, 출퇴근할 필요가 없거나 자가용으로 출퇴근하는 사람들은 두 가지 장점이 크게 와 닿지 않는다. 굳이 비싼 돈을 주고 그 아파트에 들어가느니 전철역에서 멀거나 교육 인프라가 전혀 없어 가격이 저렴한 곳을 선택하면 되는 것이다. 반면 지하철을 타야만 하는 회사원이거나 학령기의 자녀를 둔 부모라면 조금 비싸더라도 그 집을 사는 것이 훨씬 만족감이 높을 것이다.

하지만 단독주택의 땅은 우리가 잘 알지 못하는 부분이었다. 그 땅이 길가에 접해 있는지, 네모반듯한지 아니면 다각형인지, 주변 환경은 어떠한지 등등 여러 가지 변수들이 어떠한 영향을 미치는지 알 수가 없었다. 누군가 장단점을 쭉 나열해준다면 그중에서 우리에게 크게 상관이 없는 것들과 중요한 것들을 구분할 텐데 부동산에서는 무조건 장점만 이야기하니 답답한 노릇이었다.

또 하나, 땅을 보러 다니면서 우리가 깨달은 것이 있다. 매매로 나와 있는 땅이 어떤 장단점을 가지고 있는지 알고 싶다면 부동산업자보다는 그 지역에 살고 있는 사람에게 묻는 것이 제일 좋다는 것이다. 그들은 훨씬 생생한 정보들을 알려준다. 단 그들도 자신이 사는 동네이므로 단점보다는 장점을 확대해서 이야기할 가능성이 있다. 더 솔직한 이야기는 그 옆 동네 사람들이 해줄지도 모른다. 내가 사려고 하는 동네의 단점이 무엇인지, 불편한 점이 무엇인지 조목조목 이야기해줄 것이다. 옆 동네 사람들은 장점보다 단점을 부각해서 이야기할 가능성이 높다. 이 모든 것은 집값과 관련이 있다. 현재 그 동네에 살고 있는 사람들은 그 값어치를 지키기 위해 장점을 강조하고 싶을 것이고 옆 동네 사람들은 자신의 동네가 좀 더 돋보였으면 하는 바람에서 다른 동네의 단점을 끄집어낼 수도 있는 것이다. 씁쓸한 단면이지만 그들의 이야기를 종합해보면 대략 어떤 장단점이 있는지 파악할 수 있다. 결국 부동산업자에게 전적으로 의지할 것이 아니라 건축주가 발품으로 알아보고 판단해야 한다.

모든 장단점에 대해 잘 알고 본인이 결정을 내려야 하는 이유는 또 있다. 어디든 100퍼센트 좋은 땅은 없다. 아무리 잘 알아보고 좋은 땅을 산다고 해도 처음에는 예상하지 못했던 단점들이 쏟아져 나온다. 그 단점이 치명적이지 않다 해도 커다란 스트레스로 다가온다. 그건 어쩔 수가 없다. 애초에 땅을 살 때 장점을 보고 산 것이므로 좋은 점들은 너무나 당연하게 여겨진다. 반면 단점은 미처 생각하지 못했거나 괜찮을 거라고 외면했던 것이므로 후회로 다가온다.

집을 짓고 사는 사람들에게 물어보면 다들 소소하게나마 불평이 터져 나온다. 생각해보라. 집 뒤쪽의 울창한 숲이 마음에 들어 그곳에 터를 잡았다. 그런데 초여름에 창문을 조금이라도 열라치면 온갖 벌레들이 정신없이 쳐들어오는 거다. 방충망을 꼼꼼하게 달아도 소용이 없다. 사람이 드나드는 과정에서 벌레들이 친구처럼 따라 들어온다. 별별 수단을 다 써보지만 모기에게 밤새 물리고 나면 평정심을 유지하기 힘들다. '대체 내가 무슨 짓을 한 거지?' 자괴감에 시달릴 수밖에 없다. 이 땅을 소개해준 중개업자를 원망하기도 한다. 분명 그 업자는 벌레 이야기 따위는 꺼내지도 않고 오로지 숲이 있어 얼마나 좋은지에 대해서만 늘어놨을 것이기 때문이다. 땅을 사기 전에 알았더라면 그다지 억울한 생각이 들지 않는다. 감안하고서라도 숲에서 살고 싶은 마음에 그 땅을 선택한 것이니까.

땅을 살 때 전적으로 부동산에만 의지해서는 안 되는 더 큰 이유가 있다. 부동산에서는 자신이 가지고 있는 매물만 보여주기 때문에 선택의 폭이 좁다. 다양한 곳을 알아보기 위해 근처 부동산을 돌아보아도 마찬가지다. 마음에 드는 입후보자들이 하나도 없는 상태에서 최악을 피해 투표하는 기분마저 든다.

LH토지주택공사를 통해 땅을 구입하다

우리가 매입한 건 교하 신도시의 108평짜리 땅인데, LH공사에서 4억 1000만 원대에 판매하고 있었다. 우리는 LH공사의 선납할인제도(토지 대금 잔금을 일시불로 납부하면 원금을 할인해주는 제도)를 활용해서 약 3500만 원을 할인받았다. 여기에 세금 등으로 약 2000만 원 정도를 지출했다. 즉 우리는 일산 신도시 바로 옆에 위치한 교하 신도시의 108평짜리 땅을 약 3억 9000만 원 정도에 구입할 수 있었다. 그런데 만일 이 땅이 오래전에 분양되었고 토지 주인이 부동산에 내놓았다면 4억 5000만 원대에 구입해야 했을 것이다. 실제로 우리 동네의 비슷한 땅들이 그 가격에 나와 있다.

LH공사는 토지개발, 도시개발, 주택공급 등의 업무를 수행하는 공기업이다. 또한 택지지구를 조성해 분양하기도 한다. 분양 공고를 내면 사람들이 청약 신청을 하고 추첨을 통해 땅을 분양받는다. 상가의 경우 경쟁률이 상당하다. 몇 십 대 1을 넘는 경우가 태반이다. 하지만 단독주택 부지는 그렇지 않다. 의외로 미분양된 땅들을 심심찮게 찾을 수 있다. 그런 땅들은 별도의 경쟁 없이 바로 매입할 수 있다.

계획보다 많이 다운된 값에 땅을 사고 나니 왠지 용기가 생겼다. 예산이 넉넉한 편이 아니었기에 더욱 그랬다. 마음에 드는 땅을 찾는 과정은 쉽지 않았지만 일단 땅을 계약하고 나자 집짓기의 반 이상이 해결된 것만 같은 기분이었다. 몇 가지 단점이 있기는 했지만 가격에 비해 괜찮은 곳이었고 동네 분위기도 마음에 들었다.

혹시 단독주택을 짓고자 땅을 구입한다면 무조건 부동산을 찾을 것이 아니라 LH공사를 먼저 방문해보길 권한다. 아파트도 최초 분양가가 제일 저렴한 것처럼 토지도 LH공사에서 분양하는 가격이 가장 저렴하다. LH공사에서 4억 원에 분양했다면 누군가 이것을 분양받은 후 부동산에 내놓는 가격이 4억 5000만~5억 원이 되는 식이다. 일단 분양을 받으면 토지 대금을 3년간 분할 납부할 수 있다. 천천히 대금을 지불하며 집 지을 준비를 할 수 있는 것이다.

하지만 부동산에서 땅을 구입하면 그런 여유를 가질 수 없다. 계약금을 주고 중도금과 잔금을 모두 치르기까지 수개월의 시간밖에 없기 때문이다. 목돈을 쥐고 있다면 전혀 문제가 되지 않겠지만 현재 살고 있는 집을 팔아서 땅값을 지불해야 한다면 집 짓는 일이 굉장히 조급해진다.

또 하나, LH공사에서 택지를 분양받으면 복비가 들지 않는다. 복비도 만만한 금액이 아니다. 집을 지을 때 돈이 예상보다 더 들어갈 수 있기 때문에 복비만 아껴도 꽤 숨통이 트인다.

LH공사 직원들과 이야기를 나누다 보면 고급 정보들을 생생하게 들을 수 있다. 어떤 땅이 분양 당시 경쟁률이 높았고, 앞으로 그 주변의 개발 계획이 어떠한지, 또 어떤 지역의 땅이 인기가 많은지 술술 알려준다. 앉아서 20분만 이야기해도 사려고 했던 지역에 대해 상당한 지식을 얻을 수 있다. 왠지 땅에 대해 알고 싶어하는 사람으로 문전성시를 이룰 것 같지만 실제 우리처럼 찾아가 문의하는 사람은 많지 않다고 한다. LH공사에서 발행하는 책자에는 택지뿐만 아니라 상가, 주차장 부지 등에 대한 상세한 정보가 실려 있으므로 단독주택 부지를 찾고 있거나 토지에 관심이 많은 사람이라면 꼭 한 번 방문해서 정보를 얻기 바란다.

다만 염두에 두어야 하는 점들은 있다. 가장 좋은 위치에 있는 땅들은 LH공사에서 구할 수 없다고 봐야 한다. 우리가 살고 있는 교하 신도시도 공원을 바로 뒤에 두고 있는 좋은 위치의 땅들은 모두 부동산을 통해서만 구할 수 있다. 가격도 세다. 대부분 7억 원대다.

또 일단 중도금을 1회라도 낸 후에는 이민을 간다거나 하는 등의 특별한 사유가 없는 한, 계약을 해지할 수가 없다고 한다. 사정이 여의치 않아 6차에 걸쳐 순차적으로 내야 하는 중도금을 내지 못하면 미납금에 대해 8.5~10퍼센트 수준의 이자가 발생한다. 계약금만 있으면 일단 분양을 받을 수 있다는 점 때문에 뒷일을 생각하지 않고 덥석 뛰어들었다가는 엄청난 이자를 내야 할 수도 있다. 우리 지인 중에도 건축가의 말만 듣고 5억 원짜리 땅을 덜컥 계약했다가 중도금을 제때 마련하지 못해 몇 년 동안 이자만 1억 원 이상 낸 사람이 있다. 그쯤 되면 돈도 돈이지만 마음고생을 말도 못 하게 하게 된다. 어떤 건축가들은 건축주에게 이런 사실을 제대로 알리지 않고 무조건 LH공사를 추천한다. 하지만 잘못했다간 낭패를 보기 쉽다. 즉 땅을 구입할 때는 무조건 좋은 점만 볼 것이 아니라, 건축가나 다른 사람들의 말만 듣고 무조건 뛰어들 것이 아니라 자신의 상황을 충분히 고려해야 한다.

싼 땅에는 이유가 있다

어떤 건축가들은 어떤 땅이든 설계만 잘하면 대부분 단점을 보완할 수 있다고 말한다. 하지만 그건 옳지 않다. 제아무리 훌륭한 설계라도 좋은 땅이 가진 장점을 능가할 수는 없기 때문이다.

좋은 땅은 누가 봐도 좋은 점들이 딱 눈에 들어온다. 일단 집 주변에 숲이나 공원이 있어 전망이 좋다. 바람이 잘 불고 해가 잘 든다. 그에 비해 좋지 않은 땅은 딱 그 가격만큼의 단점을 가지고 있다. 전망이 애매하다거나 남향으로 집을 지을 수 없는 구조라거나 이웃집과 지나치게 붙어 있다거나 하는 식이다. 최상으로 설계한다고 해도 애초에 좋은 땅에 집을 짓는 것보다 좋지 않은 이유가 여기에 있다. 좋은 땅이 가진 장점은 살면 살수록 더욱 진가를 발휘하고 설계로 커버한 땅들은 어쩔 수 없이 한계를 드러내기 마련이다.

그렇다고 무조건 비싼 땅을 사라는 말은 아니다. 좋은 땅이 비싼 것은 맞지만 비싼 땅에도 단점이 존재한다. 어떤 집은 공원을 바로 끼고 있어 전망이 좋다. 입지가 좋기 때문에 가격도 대단히 비싸다. 가까이에 나무들이 많으니 확실히 공기도 상쾌하고 눈도 시원하다. 하지만 많은 사람들이 공원에 드나들기 때문에 집이 다소 노출된다는 불편함이 있다. 날이 좋아 사람들이 공원에 많이 몰릴 때면 하루 종일 거실에 발을 내리고 있어야 할지 모른다. 사생활을 중시하는 사람이라면 그런 땅을 구입해서는 안 된다. 그러므로 무조건 저렴한 땅, 혹은 비싼 땅을 고를 것이 아니라 자신의 예산과 생활 패턴을 고려하여 땅을 보는 것이 가장 바람직하다.

여유가 있다면 당연히 비싸고 좋은 땅을 사겠지만 정해진 예산 내에서 빠듯하게 움직여야 한다면 어느 정도 타협을 하는 지점이 있어야 한다. 다소 비싼 땅이 너무 마음에 든다면 집을 작게 지어 건축비를 줄이는 방법도 있다. 이 점은 각자의 취향에 따라 선택하면 된다. 또 사려고 하는 땅에 어떤 단점이 있는지 반드시 알아보고 그 단점을 어떻게 커버할지를 계획해야 한다. 건축가나 부동산업자의 말을 그대로 믿고 '괜찮겠지.' 생각했다가는 집을 다 지은 후에 본인 속만 탈 수 있다.

잘 알고 사는 것과 전혀 모르고 사는 것은 천지차이다. 저렴한 값으로 최고의 땅을 산 것이 아니라 그 가격에 맞는 중간 정도의 땅을 샀다고 인정하고 집을 짓기 시작해야 억울함이 덜 생긴다.

파주의 재발견

파주는 출판단지가 있어서 선택한 곳이었다. 하지만 집 짓고 살기 전에는 이곳이 그리 매력적인지 미처 알지 못했다.

우리가 이곳을 선택할 때 장점으로 꼽았던 것은 주변에 대단지 아파트가 들어서 있어 편의 시설이 모두 갖춰져 있다는 점, 자유로와 제2 자유로 진입이 편리해 어디를 가든 시간이 오래 걸리지 않는다는 점 등이었다. 가까운 거리에 아이스크림 가게와 치킨 집, 마트가 있다는 것은 우리에게 정서적인 안정감을 주었다. 교통 환경도 생각했던 것보다 훨씬 좋았다. 파주 교하라고 하면 보통 서울에서 굉장히 멀리 떨어져 있다고 생각하는데, 실제 이동 시간을 재보니 홍대나 강남까지 가는 데 30분에서 한 시간이면 충분했다. 집 앞에서 바로 자유로를 탈 수 있어서 오히려 일산 시내에서 가는 것보다 이동 시간이 짧았다. 그럼에도 파주라는 인식 때문에 땅값은 훨씬 저렴했던 것이다. 나에게는 작업실을 겸비한 넓은 공간이, 아내에게는 편의 시설이 무엇보다 중요했는데, 두 가지 모두 잘 맞아떨어졌다.

사실 우리는 이 동네가 완전히 특별하다고는 생각하지 않았다. 그저 자연이 좋았고 넓은 집을 지을 수 있을 만큼 땅값이 저렴했다. 본격적으로 살기 시작하면서 우리 부부는 틈날 때마다 집 주변을 천천히 산책하곤 했는데 그때야 비로소 동네의 본모습이 보였다. 마치 외국의 서정적인 도시에 와 있는 느낌이랄까. 이곳은 우리가 여태껏 살아온 곳들과 조금 다른 시간이 느리게 흐르고 있었다.

우리는 이 동네를 '자본주의를 포기한 사람들의 도시'라고 부른다. 한 명의 손님이라도 더 끌어들여 돈을 벌겠다는 도시의 가게들과는 판이하게 다른 느낌이다. 우리 부부가 아주 좋아하는 카페에서 팥빙수 하나를 시켜 먹어보면 이 말의 뜻을 명확히 알 수 있다. 다른 곳의 팥빙수는 얼음 위에 통조림 팥을 비롯해 온갖 달콤한 것들을 잔뜩 얹는다면 이곳의 팥빙수는 주인이 직접 졸인 팥에 얼음과 우유만

곁들인 투박한 형태로 나온다. 그다지 화려한 맛도 아니고 다시 먹고 싶을 만큼 매력적인 맛도 아니다. '마음에 안 들면 다음에는 먹지 말든가.'라는 메시지를 강하게 담고 있는, 하지만 '인공 감미료로 건강을 해치는 건 두고 보지 않겠다.'는 주인의 굳은 다짐이 강하게 느껴지는 맛이다. 이뿐만이 아니다. 샌드위치를 시키면 주인아주머니는 얼른 상추를 따러 텃밭에 간다. 미리 따서 냉장고에 넣어두면 편리하겠지만 번거롭더라도 그때그때 땅에서 금방 따낸 신선한 채소를 넣겠다는 장인 정신이 엿보인다. 이런 마음가짐으로 만든 샌드위치가 맛없을 리 없다. 내 몸까지 싱싱하게 만들어주는 기분이다. 작은 동네다 보니 손님이 늘 있는 것도 아니다. 대부분 우리 부부가 유일한 손님일 때가 많고 간혹 몇몇 사람들이 찾는 정도다. '손님도 없는데 저렇게 하나하나 다 신경 쓰면 가게가 유지 될까?' 싶어서 오히려 우리가 걱정하는 판이다. 그럼에도 주인 부부의 표정은 언제나 밝고 행복해 보인다.

또 이곳은 우리나라의 어떤 곳보다도 문화적 수준이 높다. 이 작은 마을에 책방 겸 카페가 두 개나 있다. 이곳에서 마을 주민 반상회도 열리고 시 낭독회도 열린다. 한번은 아기와 함께 간 적이 있었는데, 우리처럼 예민하지 않은 사람도 확연히 알아차릴 만큼 고급스러운 음악이 흘러나오고 있었다. 가게를 둘러보니 예사롭지 않은 스피커가 카페 한편에 자리 잡고 있는 게 아닌가. 순간, 아이와 함께 멋진 음악도 듣고 스피커를 구경하며 이런저런 이야기를 들려줄 수 있다는 게 정말이지 기뻤다. 커피와 의자만으로 만족해야 하는 여타의 카페들과는 달랐다. 주인의 취향이 가게 곳곳에 강하게 묻어 있었고 그 안에 고유의 이야기들이 숨어 있었다. 이곳은 대체로 임대료가 싸기에 공방들도 다양하게 들어와 있다. 서울 중심에서 멀어지면 문화적인 혜택을 제대로 받지 못할 것이라고들 생각하는데 결코 그렇지 않다. 아니, 오히려 그 반대일지도 모른다. 서울 시내 한복판을 생각해 보라. 인위적으로 만들어진 공간 곳곳에 상업주의가 스며들어 있다. 유행에 지나치게 민감하기 때문에 이젠 동네 고유의 색깔이라는 것도 찾기 힘들다. 그에 비하면 이곳이 훨씬 문화적으로 세련된 곳이 아닐까.

처음 이곳에 대해 잘 모를 때는 일산이나 홍대로 자주 나가곤 했다. 그곳에서 아이스크림도 사 먹고, 치킨도 사 먹고, 쇼핑도 했더랬다. 그러나 곧 동네의 소박한 매력을 발견하고 나서는 시내에 잘 나가지 않게 되었다. 우리 부부도 이곳에 점점 길들여진 것이다.

자기가 가진 일에 충실하고 누구와도 비교하지 않으며 그 자체로의 행복을 즐길 줄 아는 사람들, 하루하루를 충만하게 보내는 사람들이 살고 있는 이곳이 바로 파주 교하다. 이곳 사람들이 살아가는 모습을 보면서 우리 부부는 지난 시간에 대해, 앞으로 우리 앞에 펼쳐질 시간에 대해 끝없는 이야기를 나눈다. 혹시 이곳이 너무 유명해져서 사람들이 몰려오지나 않을까 하는 걱정도 살짝 해본다.

CHECK POINT

협소주택과 땅콩주택

요즘 도심에 협소주택을 많이 짓는다. 도심이라는 위치의 특성상 땅값이 어마어마하게 비싸기 때문에 작은 땅을 사서 그 위에 최대한 효율적으로 집을 짓는 것이다. 한 필지를 사서 두 가구가 나눠 짓는 형태의 땅콩집 또는 듀플렉스 하우스도 한창 인기를 끌었다. 실제 그런 집들의 설계를 들여다보면 절로 탄성이 터져 나온다. 좁은 공간을 최대한 활용하여 가족의 필요에 맞게 짓기 때문이다.

이들의 장점과 단점은 명확하다. 가장 큰 장점은 비교적 저렴한 가격에 지을 수 있다는 것이다. 협소주택은 아파트 한 채 정도의 비용이면 지을 수 있다. 땅콩집 또는 듀플렉스 하우스는 땅을 구입하고 건물을 짓는 총비용의 절반씩을 각각 부담하면 된다. 8억 원이 들었다면 두 집이 4억 원씩 나눠 내면 되는 것이다. 이 정도 예산으로 근교에 마당이 있는 집을 짓는다고 생각하면 꽤 괜찮은 조건이다.

단점은 협소주택이든 땅콩집이든 듀플렉스 하우스든 아무리 효율적으로 설계를 한다고 해도 기본적으로 집이 좁다는 점이다. 대지의 면적이 제한적이므로 건물을 높게 올리는 경우가 대부분인데 벽과 복도, 계단으로 인해 내부가 더 좁아질 수 있다. 또한 설계에 공이 많이 들어간다. 좁은 공간을 효율적으로 활용하기 위해서는 수납이나 가구, 공간 배치나 동선 등에 상당한 연구가 필요하다. 그 과정에서 의외로 시공비가 상승할 우려가 있다. 작은 공간을 효율적으로 설계하려다 보니 철저하게 건축주의 개성에 맞게 짓는 경우가 많아 부동산으로서의 가치를 인정받기가 쉽지 않으며, 이후 매매가 잘 이루어지지 않을 수 있다.

땅콩집 또는 듀플렉스 하우스의 경우는 더 복잡하다. 가령 필지 70평에 건폐율 50퍼센트를 적용하면 35평짜리 집을 지을 수 있는데, 다시 둘이 나누면 정작 한 가구가 쓸 수 있는 넓이는 한 층당 18평이 채 되지 않는다. 게다가 소유권을 두 가구가 공동으로 가지므로 주택 담보대출이나 건물 수리, 부동산 거래 등을 진행할 때 옆집의 동의가 반드시 있어야 한다. 옆집에서 동의해주지 않는다면? 상황이 곤란해진다. 서로 사이가 좋을 때는 크게 문제되지 않겠지만 혹시 살다가 생활 패턴의 차이 등으로 갈등이 생길 수도 있다. 서로 다른 집에서 생활하고 마당만 가끔 같이 쓰는 것이니 굳이 부딪힐 일이 생길까 싶지만 벽 하나를 맞대고 살다 보면 프라이버시가 잘 지켜지지 않기 마련이다. 특히 목조로 듀플렉스 하우스를 지을 경우 아파트 층간 소음 저리 가라 할 정도로 생활 소음이 전달된다.

집 짓는 비용도 사실과 다른 부분이 있다. 건설사에서 일괄적으로 지어 분양하는 땅콩집 또는 듀플렉스 하우스가 대략 6~7억 정도 든다고 하는데(수도권 기준) 실제로는 가구당 1~2억 정도가 더 들어간다. 개인의 취향을 고려해 옵션을 조금씩 바꾼다면 자연히 돈이 더 들어가는 것이다. 거기다 세금까지 고려하면 애초에 계획한 금액을 훌쩍 넘어서게 된다.

우리도 처음 집을 지으려고 계획했을 때는 그런 형태를 구상했다. 작은 집 두 채를 지어 한쪽은 작업실로 쓰거나 부모님을 모시고, 다른 한쪽에서 우리가 지내면 될 것 같았다. 그런데 알아보니 절대 들어가는 비용이 싸지 않았고 공간 활용도 지나치게 제한적이라는 게 마음에 걸렸다.

모두들 자신의 집이 좋다고 이야기하지, 단점에 대해서는 잘 이야기하지 않는다. 굳이 집의 단점을 밝혀 값어치를 떨어뜨리고 싶어 하지는 않기 때문이다. 혹시 집을 지을 계획이 있다면 단점에 대해서도 확실하게 파악해야 한다.

Part 2

우리는 지금 세상에서 가장 좋은 집을 짓는 중

#3 아이와 함께하는 친환경 주택을 꿈꾸다

우리는 왜 목조주택을 지었는가

최근 뉴스나 인터넷에서 방사능 시멘트에 대한 기사가 꾸준히 보도되었는데, 결론은 '나쁘다.'는 것으로 끝이었다. 별다른 대안이 없었다. 정부와 건설사가 판을 짜놓고 우리는 그 안에 가축처럼 들어가 그냥 살 수밖에 없다는 것이었다. 방사능 쓰레기로 만든 콘크리트로 전국이 도배되고 있는데 시민들이 할 수 있는 일은 없어 보였다. 우리 세대도 문제지만 아이들은 또 어쩌란 말인가.

시멘트로 만든 집이 안전하지 않다는 사실에 경악하고 있을 때 목조주택을 알게 되었다. 우리는 목조주택이 우리나라에 있다는 것도 몰랐다. '나무로 만든 집' 하면 외국 영화에나 나오는 아주 옛날 구식 건축이라고 생각했다. 하지만 여러 건축가들이 목조주택을 친환경적이고 단열이 뛰어난 집이라며 적극 추천했다. 콘크리트는 단열에 있어서 최악의 재료라고 한다. 여름에는 콘크리트가 뜨거워져서 계속 열기를 뿜어내고, 겨울에는 바깥의 냉기를 집 안으로 끌어들인다는 것이다. 목조주택의 경우 나무 사이에 단열재를 채워 넣기 때문에 콘크리트보다 벽이 훨씬 얇지만 오히려 따뜻하다. 금방 훈훈해지고 열기도 오래간다.

이것은 우리에게 굉장히 획기적인 장점이었다. 당시 살고 있던 신혼집의 가장 큰 문제가 추위였기 때문이다. 찬바람이 불기 시작

따뜻한 온기가 감도는 집, 지낼수록 편안한 집, 아내와 남편과 아이가 함께하는 집을 꿈꾸다.

하면 벌써부터 난방비를 걱정했고 이가 덜덜 떨리는 날씨에도 최대한 옷을 두껍게 입고 버텼으니 '따뜻한' 집이라는 게 무엇보다 매력적으로 느껴졌다. 벽을 얇게 시공하기 때문에 면적에서도 이익이 있다고 했다. 똑같은 크기로 집을 지어도 내부가 넓게 빠진다는 것이다. 목조주택은 특히 습도 조절력이 있어서 실내가 건조할 때는 습기를 내뿜고 습할 때는 습기를 빨아들여 적절하게 습도를 유지해준다. 그래서 요즘에는 목조주택을 선호하는 건축주가 많아지는 추세라고 한다.

이외에도 목조주택의 장점은 끝이 없어 보였다. 콘크리트보다 생명이 길다는 것, 구조 변경이나 보수가 용이하다는 것, 지진에도 안전하다는 것 등 기존 시멘트 주택의 단점들을 모두 보완할 수 있는 게 목조주택 같았다. 게다가 시멘트를 사용하지 않으니 친환경적이라는 것, 그것이 우리가 가장 매력적으로 생각한 부분이었다. 이때는 목조주택이 최고의 집인 것처럼 여겨졌다. 하지만 지금 돌아보니 장점이 지나치게 과장되었다는 생각도 든다. 목조주택은 물론 여러 가지 좋은 점을 가지고 있다. 하지만 일부 건축가들이 주장하는 것만큼 이상적인 주택의 형태는 아니었다.

시멘트는 독을 품고 있다

우리만의 집을 짓기로 마음먹으면서 가장 먼저 결정한 일은 쓰레기 시멘트와 방사능 시멘트를 절대 쓰지 않겠다는 것이었다. 앞서 말했듯이 우리 부부는 《대한민국 쓰레기 시멘트의 비밀》을 읽고 적잖은 충격을 받았다. 그에 따르면 우리나라 시멘트에는 각종 쓰레기가 들어 있다고 했다. 심지어 후쿠시마 핵발전소 사고 이후 생산된 시멘트에는 방사성 물질까지 섞여 있다는 것이었다(여기에 대해서는 JTBC를 비롯한 여러 언론들이 보도했다). 그런 시멘트로 만든 집에서 산다면 우리도 모르게 방사능 피폭을 당할 수도 있다. 대체 왜 시멘트에 '쓰레기'가 들어갈까.

본래 시멘트의 주원료는 석회석, 부원료는 점토와 규석, 철광석 등이다. 하지만 현재는 부원료로 하수 슬러지, 제철소 슬래그, 공장 오니 등 불에 타지 않는 것들을 사용한다. 심지어 폐페인트나 폐부동액뿐만 아니라 발암물질이 포함된 반도체 공장의 산업 폐기물까지 시멘트의 원료로 쓰인다. 또 유연탄을 대체한 폐타이어, 폐합성수지, 폐유 등의 가연성 폐기물이 보조연료로 사용된다. 이들은 소성로에 직접 투입되어 석회석, 석탄재, 슬래그 등과 같이 타면서 소성로 안의 온도를 높여준다. 말만 보조연료일 뿐, 결국 소성로 안에서 함께 소각되어 시멘트가 되는 것이다.

이렇게 만들어진 시멘트에 모래, 자갈, 물을 섞으면 콘크리트가 된다. 쓰레기로 만든 시멘트에는 발암물질, 각종 유해 중금속, 방사능이 잔존하게 된다. 환경운동가들과 언론 보도에 따르면, 시멘트업체가 각종 폐기물을 부원료와 보조연료로 사용한 시기는 1995년 '폐기물관리법'이 개정되면서부터였다고 한다. 1999년 외환 위기가 발생해 건설 경기가 위축되고 건설업체가 시멘트 값을 올려주지 않자 시멘트업체가 원가 절감을 위해 폐기물을 본격적으로 사용한 것이다. 현재는 일본 화력발전소의 석탄재까지 수입해 시멘트에 넣는다고 한다. 후쿠시마 사고 이후 방사성 물질에 오염되었을 가능성이 있는 석탄재로 시멘트를 제조한다면 그야말로 너무 끔찍한 일 아닌가.

화력발전소에서 나온 쓰레기를 도대체 왜 일본에서 굳이 수입하는 것일까. 여기에는 또 다른 이유가 있다고 한다. 일본에서 처리비를 따로 챙겨주기 때문이라는 것이다. 시멘트 회사 입장에서는 돈도 받고 시멘트의 원료로도 사용하니 일석이조인 셈이다. 공항과 항만에 방사선 감시기가 있긴 하지만 이는 수입 고철만 검사하고 석탄재 등의 재활용 폐기물은 업체가 방사능 비오염 증명서를 제출하면 감시기를 거치지 않고 바로 들여올 수 있다고 한다. 생각만 해도 위험천만한 일이 벌어지고 있는데 우리나라 정부는 손을 놓고 있었던 것이다.

1989년에는 모래와 자갈 채취가 금지되었다. 당시 아파트를 계속 짓다 보니 모래와 자갈이 점점 고갈되었고 자연 파괴를 우려한 환경부가 이를 막은 것이다. 국토해양부의 입장은 난처해졌다. 모래와 자갈 채취를 금지하면 대체 무엇으로 아파트를 짓느냐는 것이다. 그 대안이 바로 폐기물이었다. 환경부와 국토해양부가 이에 합의를 했다.

시멘트에 폐기물을 섞지 않으면 아파트 분양가가 지금보다 더 비싸질 거라고 생각할 수 있지만 책에 따르면 32평 아파트 한 채를 건설하는 데 들어가는 시멘트의 비용은 약 130만 원이라고 한다. 분양가가 3억이라면 0.5퍼센트도 안 되는 비율이다. 안전한 시멘트를 사용하면 얼마만큼 비용이 늘어날까. 책에 따르면 기존 시멘트 비용의 20퍼센트 정도 더 돈을 들이면 폐기물을 섞지 않은 안전한 시멘트를 사용할 수 있단다. 대략 26만 원만 더 들이면 안락하고 안전한 집을 만들 수 있는데, 그 돈을 아끼려고 집을 공포의 공간으로 만든다는 것이다.

쓰레기를 넣지 않는다고 해도 시멘트 자체가 몸에 좋은 재료는 아니다. "새집에 잘못 들어가면 동티 나서 사람이 죽는다."는 말이 있다. 남이 살았던 집으로 이사 가면 괜찮은데 새로 집을 지어 들어갔을 경우에 그렇다는 뜻이다. 새로 지은 집은 세상 어떤 집보다 가장 청결할 것 같지만 실제로는 각종 유해 물질이 가득 뿜어져 나온다. 겨울날 보일러라도 돌리면 바닥에서 유독 물질이 계속 올라온다. 건강했던 사람도 오랜 시간 유독 물질에 노출된다면 병을 얻을 수밖에 없다. 그래서 우리는 시멘트 사용을 최소화한 목조주택을 선택했고 바닥 공사 등에 들어가는 시멘트는 일반 시멘트보다 30퍼센트 정도 비싼 친환경 시멘트로 선택했다.

우리만의 집을 설계하다

집은 크게 세 부분으로 나누기로 했다. 본채와 별채, 그리고 작업실이다. 본채 1층에는 방을 만들지 않기로 했다. 거실과 주방, 화장실만 두는 것이다.

아파트와 달리 주택 1층은 땅과 거의 맞닿아 있어 습한 기운이 계속 올라온다. 당연히 호흡기 건강에 좋지 않다. 게다가 기초 공사와 바닥 공사에 쓰인 시멘트에서 방사능 물질인 라돈을 비롯한 각종 독성 물질이 끝없이 올라오고 또 축적된다. 참고로 라돈 같은 방사능 물질은 평생 나오고 시멘트의 독성 물질은 짧게는 5~8년 이상, 길게는 15~20년 이상 지나야 획기적으로 줄어든다고 한다. 이 사실을 잘 아는 서양 건축주들은 1층에는 아예 방을 만들지 않거나 가끔 손님들이 머무는 게스트룸 정도를 만든다고 한다.

2층에는 방 두 개를 넓게 만들 계획이었다. 별채에도 부부 방을 따로 만들 생각이라 본채에 방을 두 개만 두어도 괜찮을 것 같았다. 안방 옆에는 드레스룸도 만들기로 했다.

작업실은 차고 위에 올리고 본채와 이어지는 긴 복도를 두어 독립적인 공간으로 만들기로 했다. 다른 공간에 비해 작업실은 천장을 조금 높게 만들어달라고 주문했다. 천장이 높을수록 창의력이 더 왕성해지기 때문이다. 사방이 책에 둘러싸여 있으면 좋겠다는 생각에 벽면에 큰 책꽂이를 짜 넣기로 했다. 될 수 있으면 곳곳에 책꽂이를 짜 넣어 집 전체를 커다란 도서관처럼 꾸미고 싶었다.

본채에 다락방도 만들기로 했다. 다락은 지붕의 모양과 관련이 있는데, 경사형 지붕으로 만들면 자연적으로 생기는 곳이다. 이곳은 등기상 면적에 들어가지 않기 때문에 아파트로 치면 발코니 같은 서비스 공간이다. 층고가 생각보다 낮지 않고 또 2층의 면적이 그대로 다락이 되기 때문에 굉장히 넓은 하나의 공간이 생긴다. 난방을 따로 하지 않아도 훈훈한 공기가 위로 몰리기 때문에 겨울에도 그리 춥지 않다고 했다. 어떻게 쓸지 구체적인 계획은 없었지만 왠지 아늑한 느낌이 들어 아이가 좋아할 것 같았다. 다락방 한쪽 벽에도 책꽂이를 짜 넣기로 했다.

그런데 공사비가 예상보다 훨씬 많이 들었다. 본채와 작업실만 해도 예상했던 건축비를 훌쩍 웃돌았다. 공사 규모가 커지니 기간도 자연히 길어졌다. 결국 한꺼번에 모두 짓기보다는 본채와 작업실을 먼저 짓고, 여유가 생기면 별채를 짓기로 했다. 그렇게 별채

처음에 설계한 대로 지어지는 집은 거의 없다. 몇 번의 수정을 거치며 집을 짓는 모든 과정에 우리만의 이야기가 담긴다.

터만 남겨놓고 공사를 시작했다. 그러다 논의를 하는 과정에서 별채는 아예 짓지 않는 게 낫겠다는 결론을 내렸다. 이미 본채도 큰 편인데 별채까지 지으면 건물이 거대해진다는 것이었다. 건물의 덩치가 지나치게 크면 매매할 때 곤란해진다고 한다. 작아도 문제지만 너무 커도 관리상의 어려움 때문에 사람들이 꺼린다. 처음부터 팔기 위해 짓는 건 아니었지만 그런 가능성을 아예 배제하고 마음 내키는 대로 지을 수는 없었다.

이 과정에서 본채의 설계를 다소 변경해야 했다. 우선 방 두 개로는 부족했다. 아이가 또 생길 수도 있고 부모님이 가끔 머무실 곳도 필요하니 적어도 방이 하나는 더 있어야 했다. 1층과 2층 중 어디에 방을 만들지 고민했다. 1층에 방을 만들 경우 우리가 꿈꾸던 넓은 거실을 일정 부분 포기해야 했다. 집에 대해 별다른 로망이 없던 우리 부부가 그나마 확고하게 가지고 있었던 취향 중 하나가 바로 넓은 거실이었는데 그걸 포기하기는 아까웠다. 게다가 아늑한 느낌도 2층이 나았다. 겨울에는 1층보다 2층이 더 따뜻할 터였다.

고민 끝에 1층은 그대로 두고 2층에 방 하나를 더 만들기로 했다. 다행히 설계를 대폭 변경하지 않아도 되었다. 애초에 방 두 개를 굉장히 크게 뺐기 때문에 그중 하나를 두 개로 나눠도 답답할 만큼 작은 크기가 아니었다.

새로운 공법으로 집을 짓다

시멘트를 넣지 않으면 하는 마음이 있었지만 기초를 다지려면 아예 쓰지 않을 수 없었다. 대신 최소한으로 쓰기로 했다.

환경운동가들에 따르면 시멘트보다 더 위험한 것이 레미콘을 돌릴 때 넣는 혼화제라고 한다. 혼화제는 100퍼센트 화학물질이다. 화학물질이 들어간 콘크리트가 몸에 좋을 리 없다. 가능한 한, 나쁜 물질이 들어가지 않았으면 하는 바람에서 우리는 레미콘을 쓰지 않고 직접 인력으로 시멘트와 모래를 섞어 비비기로 했다. 과거 레미콘이 없을 때는 공사 현장에서 인부들이 삽으로 시멘트를 비볐다고 한다. 우리도 고전적인 방법으로 시멘트를 섞기로 한 것이다.

시멘트 역시 일반 시멘트보다 비싼 친환경 시멘트를 쓰기로 했다. 시멘트는 A~D로 등급이 나뉜다. 지표면 가까이에서 파낸 시멘트가 A라면 땅속에서 파낸 시멘트는 D다. 깊숙한 곳에서 파낼수록 라돈 함유량이 높은데, 우리나라 레미콘 공장에는 보통 D급이 들어간다. 우리는 모래와 자갈을 사서 A급 시멘트에다 비비기로 했다.

레미콘으로 작업하면 순식간에 끝날 일을 직접 인력으로 비벼야 하니 시간이 오래 걸릴 수밖에 없었다. 왜 굳이 손으로 시멘트

아이를 위해 자연 친화적인 집짓기를 고민했다. 목조주택이라도 기초 작업에 빠질 수 없는 시멘트는 친환경 제품으로 최소화하고 레미콘은 사용하지 않기로 했다.

를 비비냐고, 일종의 쇼 아니냐고 말하는 사람들이 있을지 모르지만 우리는 '상식'이라고 여겨지는 것들을 거부하고 싶었다. 나쁜 물질이 들어가도 어쩔 수 없다고 체념할 것이 아니라 능동적으로 상황을 개척해가고 싶었다.

원래는 손으로만 비벼서 작업할 생각이었는데 막상 해보니까 잘되지 않았다. 좀 더 세게 많이 비벼야 해서 포클레인을 동원했다. 시멘트를 비빌 큰 들통이 필요했는데 그만한 크기를 구할 수가 없어서 땅을 판 다음 비닐을 깔고 그 안에서 비볐다. 포클레인이 열 번쯤 섞은 다음 펴서 까니까 금방 끝났다. 이틀은 족히 걸릴 것이라고 예상했던 일이 반나절 만에 끝이 났다.

우리 집이 다른 집에 비해 지대가 좀 낮은 편인데, 그건 시멘트를 최소화했기 때문이다. 우리나라 사람들은 집이 땅보다 높은 것을 선호하기 때문에 기초 작업을 할 때 시멘트를 가득 써서 지대를 높인다. 이는 곧 1층 전체를 각종 유해 물질과 방사능으로 채운다는 이야기일 수 있다. 우리는 유해 물질에서 비교적 자유롭고 방사능은 전혀 나오지 않는 최고급 친환경 시멘트를 사용했지만 그래도 시멘트 자체에서 나오는 독성에 대한 대책은 없었기에 시멘트 사용을 최대한 자제하는 편을 선택했다.

#4 부부의 집짓기 프로젝트

좌충우돌 집짓기 분투기

공사는 크게 기초 공사, 골조 공사, 마감 공사로 나뉜다. 어떤 건축가들은 기초 공사나 골조 공사를 할 때 건축주의 역할이 크게 중요하지 않으니 현장에 오지 않아도 된다고 한다. 현장에서 봐도 뭐가 뭔지 모른다는 것이다. 하지만 반드시 현장에 자주 가봐야 한다. 공사 현장에서 어떤 일이 벌어질지 아무도 모르는 일이기 때문이다. 예를 들어 땅을 기본적으로 90센티미터까지 파고 기초를 닦아야 하는데, 업자들이 시멘트를 빼돌리기 위해 70센티미터 정도만 파고 시멘트를 치는 경우도 비일비재하다고 한다. 골조 공사를 할 때는 구조를 빼먹는 경우도 있다. 기초나 골조는 집을 부수지 않는 한, 수정이 곤란하다. 대부분의 건축주는 인테리어 공사를 할 때가 되어서야 본격적으로 현장에 가는데, 사실은 기초 공사를 할 때부터 관심을 가지고 현장 상황을 체크하는 것이 필요하다.

우리는 수시로 현장을 찾았다. 현장에 가서 들여다본다고 해도 딱히 건축주가 할 일은 없었다. 목조주택의 경우 이미 공장에서 재단한 나무를 조립만 하기 때문이다. 우리도 그때까지는 일이 잘 진행되어서 집 짓는 일이 생각보다 큰일은 아니구나 착각했던 것이 사실이다. 하지만 마감 공사를 시작하면서부터 상황은 완전히 바뀌었다. 엄청나게 많은 일들이 쏟아진 것이다.

우리 집은 이현욱 소장의 이집소에서 설계를 하고 이현욱 소장의 친구인 박정이라는 사람이 대표로 있는 이집소 부설 스카이하우징에서 시공을 했다. 그중 작업실과 마무리 공사는 스카이하우징의 하청업체인 하나종합공사에서 했다. 김종흠 소장이 하나종합공사 대표였다.

마감 공사를 일주일 앞두고 김종흠 소장이 조명과 타일, 그리고 마감 기기 등을 어떻게 할 것인지 묻기 전까지 우리는 여기에 대해 전혀 생각하지 못했다. 막연히 어떻게 집을 꾸미면 좋을까를 상상했지, 구체적으로 어떤 제품을 어디서 구매할지에 대해서는 생각해본 적이 없었다. 사실 이 부분에 대해서는 이집소 이현욱 소장과 스카이하우징 박정 대표가 건축을 시작하기 전에 건축주인 우리와 심도 있게 논의했어야 하는데, 이상하게도 두 사람은 이 부분에 대해서는 언급조차 하지 않았다.

마감재를 구입하는 과정 자체는 어렵지 않았다. 전문 매장에 가서 취향에 따라 고르면 되었다. 하지만 기능과 디자인이 천차만별이고 금액대도 다양해서 어떤 것이 우리 집에 잘 맞을지 막막했다. 사전에 미리 좀 골라놓으라는 귀띔이라도 해줬으면 좋았으련만 당장 그다음 주에 시공한다고 하니 정신이 하나도 없었다. 시간을 좀 더 달라고 할 수는 없는 노릇이었다. 현장에서는 시간이 돈이었다.

집을 꾸미기 위해 마음에 드는 것을 고르는 과정이 한편으로 즐겁고 행복한 시간이 될 수도 있었는데 우리 입장에서는 전혀 그렇지 않았다. 무엇이 좋은 선택인지 판단이 서지 않았고 현장 소장은 빨리 골라오지 않으면 공사가 지연된다고 재촉하니 스트레스의 연속이었다.

이 과정을 통해 우리가 깨달은 것이 있다. 조명이나 타일 등은 마감 공사를 시작하기 직전에 골라서는 안 된다는 것. 땅을 파기 전에 조명과 타일, 하다못해 화장실 수건걸이까지 모두 골라놓은 다음 현장 소장이나 건축가와 협의를 해야 한다. 그래야 공사가 무리 없이 진행된다. 마감 공사 바로 직전에 급하게 고르려고 하면 건축주 입장에서는 상당히 부담스럽다. 미리 제품을 골라놓는 게 귀찮다면 현장 소장이나 건축가가 권해주는 것을 설치하는 방법도 있다. 공사가 지연될 염려가 없고 선택의 압박에서 자유롭다. 하지만 개인의 취향이 제대로 반영되기는 힘들기 때문에 만족스럽지 않을 수 있다.

보통 건축가들이 잡지 같은 것을 보여주며 조명이나 마감재를 고르라고 하는데, 실제 매장에 가서 보면 잡지처럼 예쁘지 않다. 게다가 우리가 살 집과 어울리는 것을 골라야 하기에 생각보다 그 과정이 녹록지 않다. 타일만 해도 그렇다. 샘플 몇 개를 보는 것과 전체를 다 붙여놓은 것과는 엄연히 차이가 있다. 결론적으로 만족스럽게 마감재를 고르기 위해서는 오랜 시간 관심을 가지고 연구를 하는 수밖에 없다. 마음에 드는 화장실을 발견했다면 어떤 모양의 타일을 붙였는지, 그 안에 수전이나 세면대가 어떤 스타일인지 자세히 관찰해야 한다. 이런 세부적인 준비를 최소 6개월 정도 해야 그나마 자신의 취향에 근접한 집을 지을 수 있다.

쉽지 않은 과정이었지만 마감재 하나하나 우리가 고른 것들이기에 남다른 애정이 느껴진다. 마음에 드는 것은 볼 때마다 감탄이 절로 나오고, 마음에 들지 않는 것은 두고두고 속상하다. 그래도 살면서 좋은 점을 보려고 노력한 덕분인지, 아니면 익숙해진 덕분인지 고를 때는 굉장히 망설여졌던 것들도 실제로 설치하고 보니 대부분 잘 어울린다.

물론 아무리 좋게 생각해도 극복이 안 되는 것도 있다. 우리가 고른 것 중에서 가장 실패한 것은 2층 화장실에 놓인 세면대다. 유럽 제품 위주로 판다는 청담동의 한 상점에서 고른 고급 세면대인데, 시공을 마치기 전까지는 굉장히 만족스러웠다. 그런데 사용해보니 높이가 맞지 않았다. 세면대가 놓일 자리를 우선 만들고 그 위에 세면대를 얹는 식이었는데, 애초에 그 세면대 자리를 조금 높게 만들어버린 것이다. 결과적으로 높이가 애매해서 세수할 때마다 세면대 밖으로 물이 뚝뚝 떨어지는 지경이 되어버렸다. 키가 큰 남편은 괜찮지만 작은 아내는 매번 세수할 때마다 수건을 앞에 깔아야 한다. 세면대야말로 가끔 사용하는 것도 아니고 매일 몇 번씩 사용하는 것이기에 볼 때마다 가슴이 아프다(이 세면대는 앞으로 2층 욕실을 리모델링하는 과정에서 없애고 대신 그 자리에 수납장을 들여놓을 예정이다).

인테리어의 포인트 타일과 조명

집 안의 분위기를 결정하는 것은 여러 가지가 있겠지만 타일과 조명은 어떤 것을 고르느냐에 따라 같은 집도 확 달라 보이게 만드는 특별한 재주를 가진 요소들이다.

관리만 잘하면 오랫동안 쓸 수 있는 자재가 바로 타일이다. 타일은 방수 공사가 필요한 곳에 어김없이 들어가며, 시각적으로도 예뻐 인테리어의 포인트로 쓰인다. 화장실과 다용도실 등에 붙일 타일을 고르기 위해 현장 소장이 소개해준 타일 가게에 갔다. 종류가 아주 많은 편은 아니었지만, 그래도 그중 한두 개쯤은 눈에 들어올 거라고 생각했다. 완벽한 오산이었다. 미리 인터넷으로 검색을 해보고 대략 어떤 타일을 골라야겠다고 마음먹고 간 터라 비교적 쉬울 거라 예상했는데 인터넷으로 보는 것과 실제로 보는 것은 달랐다. 그 어떤 것도 마음에 드는 것이 없었다. 화장실 자체가 너무 전형적인 구조라 타일로 변화를 주고 싶었고 좀 더 특이한 디자인을 원했다.

하는 수 없이 수입 매장에 갔다. 그곳은 확실히 종류도 많았고 가격도 비쌌다. 시간이 더 있었더라면 다른 타일 가게에도 가보고 시세도 잘 파악해보면서 너무 부담스럽지 않은 범위 내에서 대안을 찾아보거나 가격을 흥정할 수도 있었을 텐데, 시간이 너무 촉박한 바람에 돌아볼 여유가 없었다. 그때 정신없이 고른 것치고는 잘 선택했다는 생각은 든다. 하지만 훨씬 많은 예산이 타일에 들어가고 말았다.

깨끗한 느낌의 1층 화장실

1층 화장실 벽에는 환한 느낌을 주고 싶어 하얀색 타일을 골랐다. 바닥은 미끄럼 방지가 되어 있는 바닥 전용 타일을 써야 해서 선택의 여지가 많지 않았다. 그냥 어두운 계열을 골랐는데, 색상이 어두워서 그랬는지 실리콘 작업이 제대로 안 되어 다시 개보수를 해야 했다. 왠지 전체적으로 밋밋한 느낌이 들어 수전은 황동색으로 했는데, 이건 정말 부질없는 시도였다. 비싼 수전이 있다고 화장실 분위기가 획기적으로 바뀌는 것도 아닌 데다 관리가 쉽지도 않았다. 가장 보편적인 것이 가장 좋다는 것을 다시 한 번 깨달았다.

← 1층 화장실의 황동색 수전. 멋스러운 디자인 제품으로 공간에 포인트를 주고 싶었다.

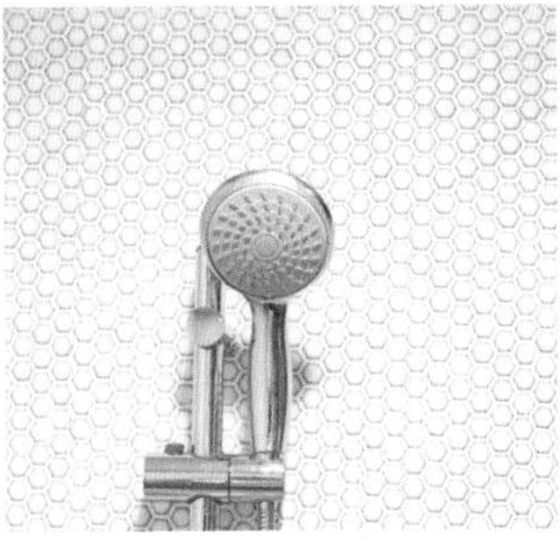

↑ 타일의 모양에 따라 공간의 분위기가 달라진다.

← 2층 화장실. 나무 느낌이 나는 타일을 붙였다. 세면대를 기준으로 왼쪽에는 습식 샤워실, 오른쪽에는 건식 화장실이 분리되어 있다.

이국적인 공간 2층 화장실

2층 화장실은 구조가 조금 독특하다. 왼쪽에는 습식 샤워실, 오른쪽에는 건식 화장실이 분리되어 있는 형태다. 샤워실은 세련된 느낌을 주고 싶어 나무 느낌이 나는 타일을 골랐는데, 1층 화장실과는 달리 이국적인 느낌이 나서 마음에 든다. 화장실 역시 샤워실과 같은 타일을 썼다. 분리된 구조라 다른 타일을 써도 상관은 없었으나 한쪽에 비해 다른 한쪽이 밋밋하면 왠지 균형이 맞지 않을 것 같아 결국 화장실에까지 고급 타일을 넣었다. 시공할 때는 가슴이 쓰렸지만 지금은 2층 샤워실과 화장실을 볼 때마다 기분이 좋다.

집의 첫인상 현관

현관에 붙인 타일 역시 장당 10만 원이나 하는 고가의 제품이다. 면적이 얼마 되지 않아 타일 가게에서 서비스로 해주었다. 현관문이 어두운 색상이라 바닥은 환한 느낌을 주고자 밝은 타일을 골랐다. 이곳은 집의 첫인상이기 때문에 아무 타일이나 붙일 수 없다는 생각에 고르느라 꽤나 애를 썼는데, 살다 보니 현관을 눈여겨보는 사람은 거의 없었다. 신을 벗고 안으로 들어가거나 신을 신고 밖으로 나가는 통로 그 이상도 이하도 아니었다. 오래 머무는 일이 없으니 타일이 눈에 잘 들어오지도 않는다. 우리는 굉장히 신경을 쓴 공간인데 다른 사람들이 전혀 알아주지 않으니 가끔은 서운하다. 그럴 때면 우리끼리 서로 힘을 주곤 한다.

"확실히 다른 집 현관보다 뭔가 밝고 활기찬 느낌이 들지 않아요?"

"물론이야. 다른 타일로 했으면 아마 지금 같은 느낌은 없었을 거야."

"사람들은 잘 모르겠지만 신경 써서 꾸미길 잘한 것 같아요."

"모르면 어때? 우리가 알면 되지."

모든 공간에 고가 타일을 사용한 것은 아니었다. 1층 주방 옆에 붙은 다용도실은 숨은 공간이라 일반 타일을 붙였다. 주방 역시 그리 비싸지 않은 타일을 붙였음에도 부엌 가구와 잘 어우러져 굉장히 만족스럽다.

조명도 마찬가지였다. 마음에 드는 걸 찾기가 쉽지 않았고 대부분 뻔한 디자인이 전부였다. 물론 디자인도 무시할 수 없는 부분이지만 그보다 빛의 감도가 더 중요했다. 같은 공간이라도 빛에 따라 느낌이 달라지고, 얼굴 표정까지 달라 보인다. 어떤 조명을 쓰느냐에 따라 집 분위기가 바뀌는 것이다. 하지만 이 부분까지 자세히 따져가며 설치하는 게 쉽지 않았다. 타일은 수입 매장을 찾아가서 우리 마음에 드는 것을 골랐지만 조명은 그러지 못했다. 조명이 들어갈 자리를 불필요하게 많이 만들어두어서 사야 할 것들이 너무나 많았다. 빈자리를 채우는 것만 해도 큰일이었다.

집의 중심, 거실을 채운 샹들리에

거실은 천장이 높아 근사한 샹들리에를 달아놓으면 집 안 전체 분위기도 살고 멋있을 것 같았다. 유럽 여행을 할 때 호텔에 달려 있던 조명을 떠올리며 비슷한 느낌의 조명을 찾아보려고 했는데, 눈에 들어오는 것들은 대체로 상상을 초월하는 금액이었다. 저렴한 가격대에서는 어울리는 등을 찾기가 쉽지 않았다. 결과적으로 고른 것은 그리 비싸지 않은 샹들리에였다. 자포자기하며 고른 것 치고는 꽤 마음에 든다.

한 공간, 두 개의 조명

안방은 천장이 두 부분으로 나뉘어 있어 조명을 두 개로 분리했다. 지붕 모양처럼 비스듬한 쪽은 샹들리에를 달아 분위기를 살렸고 편평한 쪽은 일반적인 LED등을 달았다. 같은 공간이지만 기분에 따라 다른 느낌이 전해진다.

공간을 더욱 매력적으로 보이게 하는 조명. 같은 공간이라도 빛에 따라 느낌이 달라지듯 어떤 조명을 쓰느냐에 따라 집의 분위기가 바뀐다.

바닥재와 창호 고르기

처음에 바닥재는 무조건 원목을 써야 한다고 생각했다. 맨발로 걸어 다닐 때 촉감이 좋은 바닥재를 고르고 싶었다. 아이가 어릴 때는 하루 종일 바닥을 기고, 걷고, 뒹굴 테니까. 매일매일 기분 좋은 느낌을 받으려면 무엇보다 고급스럽고 자연 친화적인 원목 마루가 최고였다.

하지만 알아보니 모든 면에서 최고인 것은 아니었다. 흠집이 잘 가고 습기와 온도에 민감해서 뒤틀리는 경우가 있었다. 우리가 신혼여행을 갔던 태국의 풀 빌라 바닥이 원목이었는데 시공 몇 년 만에 군데군데 뒤틀려 있었다. 아무리 좋다고 해도 5년마다 바닥재를 교체할 수는 없었다. 게다가 많은 장점들을 잊게 할 만큼 가격도 생각보다 비쌌다. 평당 30만 원은 잡아야 하는데, 평수가 작다면 한번 생각해볼 만하겠지만 우리 집은 유난히 거실이 넓은 편이라 전부 원목으로 덮으려니 부담스러웠다.

혹시 저렴하게 원목을 깔 수 있을까 싶어 이현욱 소장에게 물어보았다. 한 업체를 알려주기에 일단 홈페이지에 가보니 평당 12만 원에 원목 마루를 시공할 수 있었다! 너무 싸니 기쁘다기보다 의심부터 들었다. 소개 문구를 보고 있자니 뭔가 혁신적이고 특별한 기술을 보유한 회사인 것 같았다. 아무리 그래도 반값도 안 되는 가격에 유사한 품질을 제공한다는 게 말이 될까. 혹시나 하는 기대를 가지고 차로 두 시간쯤 걸리는 회사까지 직접 찾아갔다. 마음이 간절해서인지 회사 건물이 번듯한 것을 보고 마음이 놓였다.

회사에서 제공하는 팸플릿에는 홈페이지에서 이미 봤던 글들이 빼곡하게 적혀 있었다. 벨기에 정부의 인증까지 받은 제품이며, 유명 건설 현장에 두루 쓰인다는 내용이었다. 국내는 물론 외국 표창까지 다수 받았다는 문구에 점점 믿음이 가기 시작했다. 가격도 상식적이라 온 집 안 바닥을 원목으로 깔아도 괜찮을 듯했다.

우리는 샘플을 요청했다. 일단 눈으로 봐야 안심할 수 있을 것 같았다. 그런데 느낌이 조금 이상했다. 그간 봐왔던 원목과 사뭇 달랐다. 일반적인 원목은 약간 두께감이 있는데 그들이 건네준 샘플은 너무 얇았다.

"원목이 좀 얇은 것 아닌가요?"

"네, 저희만의 기술 혁신으로 이뤄낸 겁니다. 얇지만 강해요. 더불어 단가도 낮췄습니다."

말의 앞뒤는 맞았다. 그래도 우리에게는 확신이 필요했다. 일단 샘플을 받아 트렁크에 넣고 바로 강남에 있는 원목 전문 가구점으로 달려갔다.

"이거 어떤지 좀 봐주시겠어요?"

"흠. 이건 원목이 아닌데요?"

창호는 소음과 단열에 결정적인 영향을 끼친다. 또 집의 전체적인 분위기에도 큰 영향을 주기 때문에 신중하게 골라야 한다.

두 군데에 문의했는데 모두 다 고개를 절레절레 흔들었다. 강마루보다 더 질이 안 좋다는 것이었다. 나중에 샘플을 본 현장 소장 역시 같은 말을 했다.

"사기를 쳐도 적당히 쳐야지, 이런 걸 원목이라고 파나?"

값싸고 좋은 것은 없다. 좋은 건 반드시 그만큼의 값이 나간다. 결국 원목 마루를 하겠다는 고집을 접고 우리 예산에 맞는 강마루를 선택했다. 강마루라고 다 비슷한 건 아니었다. 제작사에 따라 조금씩 차이가 났고 국산인지 아닌지에 따라 또 달랐다. 그중에서도 좋은 강마루를 고르고 싶어 각 회사의 제품들을 놓고 비교해봤다. 비슷한 가격이라면 대기업 제품보다 브랜드 거품이 빠진 중소기업 제품이 훨씬 좋았다. 우리는 평당 14만 원짜리 강마루를 선택했고 지내보니 괜찮은 선택이었다는 생각이 든다.

다음으로 창호를 고르는 데도 고민이 많았다. 창호는 소음과 단열에 결정적인 영향을 끼친다. 또 집의 전체적인 분위기에도 큰 영향을 주기 때문에 신중하게 골라야 한다. 창호의 경우 단연 대기업 제품이 화려하고 예뻤다. 예전 타운하우스의 창문이 특이하고 분위기가 좋아서 같은 브랜드의 제품을 할까 했는데, 이현욱 소장이 다른 제품도 한번 살펴보라고 의견을 제시했다. 기능적으로 비슷하면서 훨씬 저렴한 제품이 많다는 것이었다.

시공을 마치고 대기업의 화려한 창호를 안 한 것이 후회되지는 않았다. 다만 아쉬운 것은 고가의 시스템 창호를 설치했으면 지금보다 소음이 잘 차단되고 단열이 더 좋지 않았을까 하는 점이다. 물론 비싼 가격을 감수할 만큼 큰 차이는 아닐 것이다. 특히 지금 창호에 사용한 '로이(low-E) 유리'가 겨울에는 안에 있는 열이 빠져나가지 못하게 하고, 여름에는 바깥 열기를 차단하여 냉난방에 효과적이다. 그 덕인지 겨우내 집이 정말 따뜻했다. 소음은 우리가 목조주택을 택한 이상 어쩔 수 없이 감수해야 하는 부분이다.

명품 주방 가구에 홀리다

주방 가구들을 친환경으로 하고 싶어서 이현욱 소장에게 환경호르몬으로부터 안전한 업체를 소개받았다. 가구에서도 각종 독성 물질이 나온다는 기사를 본 적이 있었기 때문이다. 이 소장은 접착제를 쓰지 않고 조립하는 유럽식 가구점을 소개해줬다. 만족스럽긴 했으나 제대로 시공하려면 최소 5000에서 1억 원까지는 들었다. 아무리 품질이 좋다고 해도 예산을 초과하는 금액이라 탈락. 공사가 한창 진행 중인데 주방 가구가 예상보다 비싸니 덜컥 겁이 났다. 이 소장의 집에는 어떤 주방 가구를 설치했는지 물으니 소규모 개인 업체에서 제작했다고 했다. 저렴하다는 말에 솔깃해 그 업체를 소개해달라고 했다.

"저는 예산에 맞추다 보니 그렇게 된 거고, 살아보니 그저 그렇더라고요. 그러지 말고 H사 제품 어때요? 요새 핫한데."

우리는 난항에 빠졌다. H사의 제품도 라인이 다양하고 가격대가 천차만별이었다. 마음에 드는 건 너무 비쌌고 좀 싸다 싶은 건 눈에 차지 않았다. 주방이야말로 어쩌면 가장 중요한 공간이다. 온 식구가 한데 모이기도 하고, 요리를 위해 오래 머물기도 한다. 석연찮은 부분을 그대로 넘겼다가는 분명 생활하는 내내 불만스러울 것 같았다.

직접 보고 판단하기 위해 매장을 찾았다. 아니나 다를까. 역시 고가의 제품들에 눈이 돌아갔다. 그런데 가격 거품이 심했다. 가격에 따라 옵션 내용이 조금씩 달랐는데 최고급 오븐, 냉장고, 전기레인지까지 빌트인으로 되어 있는 세트는 가격이 어마어마했다. 물론 그보다 저렴한 구성도 있었다. 하지만 이미 최고급 모델을 보고 난 후라 다른 것들은 눈에 들어오지 않았다. 회사의 상술이 그대로 투영된 배치였다. 거기까지 생각이 미치자 문득 회의가 들었다. 그 상술에 우리가 놀아나고 있는 건 아닌가 싶었다.

"너무 화려하지 않아? 우리 집에 어울리지 않을 것 같아."

"그러게요. 가격도 정말 터무니없어요."

"직접 닦고 매만지고 사용해야 하는데 티끌 하나 묻으면 큰일

날 것 같은 매끈한 가구가 다 무슨 소용이야."

우리는 겉모양만 그럴싸한 것보다는 좀 더 인간적이고 아늑하고 자연 친화적인 느낌의 주방 가구를 찾아보기로 했다.

하지만 내내 마음이 끌리는 건 어쩔 수 없었나 보다. 특히 나무 느낌이 나는 디자인이 우리 목조주택에 잘 맞을 것 같았다. 빌트인으로 들어간 가전제품들이 자로 잰 듯 딱 들어맞는 것도 마음에 들었다. 따로 가전을 배치하기 위해 머리 쓸 필요도 없었고 관리도 편해 보였다. 이런 주방이라면 하루 종일 요리하고 있어도 전혀 우울하지 않을 것 같았다. 설거지를 하는 시간조차 행복할 것 같았다. 이왕 하는 것, 비싸더라도 마음에 드는 디자인으로 꾸미는 게 낫지 않을까. 하지만 일단은 발길을 돌렸다. 선뜻 계약하기에는 액수가 차마 엄두가 나지 않았다.

다시 개인 업체 중에 제작을 잘 해주는 곳을 수소문했다. 너무 저렴하지 않은 걸로 고르면 질도 괜찮지 않을까 싶었다. 게다가 한 업체에서 우리가 H사에서 본 것과 거의 흡사하게 제작해줄 수 있다고 했다. 자재도 제일 좋은 걸로 해준다고 했다. 하지만 기대와 달리 그 정도의 견적은 개인 업체라고 해서 결코 싸지 않았다.

결국 주방 가구를 마음에 드는 걸로 하는 대신에 빌트인 가전을 다른 데서 골라보기로 했다. 빌트인 제품들은 시중에 나와 있는 것들보다 훨씬 비쌌기 때문이다. 냉장고만 해도 700만 원에 달했는데 왠지 그만한 값어치를 할 것 같지 않았다. 마침 빌트인 냉

나무 느낌의 디자인으로 아늑하고 자연 친화적인 분위기를 연출한 주방. 온 가족이 한데 모이는 이곳에서 펼쳐질 우리만의 이야기가 기대된다.

장고보다 스펙이 더 좋은데 가격은 절반도 되지 않는 일반 냉장고가 있어 마음이 흔들렸다.

하지만 규격이 맞지 않아 한 뼘쯤 튀어나온다는 것이 마음을 불편하게 했다. H사 쇼룸을 둘러봤을 때 영업사원도 그 점을 굉장히 강조했었다. 멋진 주방 가구를 설치했는데 막상 냉장고가 튀면 얼마나 보기 싫겠느냐는 것이었다. 뭐, 생활에는 큰 지장이 없을 것이다. 처음에는 조금 맘에 걸릴지 몰라도 시간이 지나면 그런가 보다 하고 넘어갈 것이다. 하지만 그때는 그 영업사원의 말이 계속 머리에 남아 다른 냉장고를 그 안에 넣으면 주방 전체가 엉망이 되어버릴 것만 같았다. A/S까지 생각한다면 그냥 H사에서 하는 게 낫겠다는 결론에 다다랐다.

어느 것 하나 어긋남 없이 깔끔하게 떨어질 것을 기대하고 비싼 빌트인 냉장고를 선택했으나 시공을 마친 후 황당한 일을 겪었다. 싱크대를 모두 설치하고 보니 냉장고 밑부분의 마감이 안 되어 있었던 것이다. 다른 곳은 걸레받이(바닥과 벽이 이어지는 부분에 마무리를 위해 부착하는 것)로 마감을 했는데 그 부분만 빼놓았다. 우리는 시공상의 실수인 줄 알았다. 그래서 H사에 전화해 냉장고 밑을 제대로 마감하지 않았다고 항의했다. 그랬더니 황당한 답변이 돌아왔다.

"아, 거긴 비워둬야 하는 곳이에요."

"네? 왜요?"

"아시다시피 원래는 냉장고를 벽에서 살짝 떨어뜨려놓아야 하는데 붙박이라 공간이 없잖아요. 그래서 대신 밑을 띄워놓은 거죠. 냉각 팬이 돌아야 하니 어쩔 수 없어요."

정말 허탈했다. 미관을 위해 비싼 빌트인 냉장고를 택했는데 예상했던 것처럼 딱 떨어지는 모양새가 아니었던 것이다. 그때는 상실감이 대단했는데, 지나고 보니 그리 큰 문제가 아니라는 생각이 들었다. 다른 사람은 거의 그 부분을 알아채지도 못한다.

냉장고와 함께 아직까지도 미스터리한 가격으로 남아 있는 것이 또 하나 있다. 300만 원짜리 전기레인지 후드다. 우리는 지금도 가끔 고가의 전기 후드 이야기를 하며 웃는다. 이제 와 생각하면 그런 후드를 선택했다는 것이 황당한 노릇이지만 그때는 뭐에 홀린 것처럼 그걸 설치하지 않고서는 견딜 수가 없었다. 기껏 고급 주방 가구를 샀는데 어울리지 않는 싸구려 레인지 후드를 넣을 수는 없었던 것이다. 워낙 고가다 보니 디자인 면에서는 흠잡을 데가 없다. 고급스러운 분위기를 내는 데 상당히 중요한 역할을 담당하고 있기도 하다. 300만 원짜리 전기 후드, 성능은 어떤지 궁금하지 않은가? 실은 우리도 잘 모른다. 업체에서는 여러 가지 장점을 이야기해주었지만. 아무튼 후드는 이상 없이 잘 돌아가고 있다. 그게 전부다 .

대기업에 배신당하다

조금 더 비싼 값을 치르더라도 H사의 주방 가구를 선택한 것은 전적으로 그곳이 대기업이었기 때문이다. 시공에 훨씬 전문적이며 사후 관리가 잘될 것이라는 믿음이 있었다. 하지만 설치 과정에서 문제가 발생했다.

주방 가구는 완제품이 아니므로 시공이 대단히 중요하다. 똑같은 제품이라도 시공을 제대로 하느냐, 못 하느냐에 따라 만족도가 달라진다. 시공 당일 예상보다 많은 인부들이 왔다. 워낙 주방이 커서 작업 시간이 꽤 걸릴 것이라고 생각했는데, 잘 모르는 우리가 보기에도 진행 속도가 지나치게 빨랐다. 대체 왜 그렇게 서둘렀는지 알아보니 우리 부부가 알려진 사람들이라 영업사원 입장에서는 약간 욕심이 생긴 것 같았다. 유명인의 집을 작업했다는 것이 좋은 홍보 수단이 될 수 있어서 빨리 실적을 올리고 싶었던 것이다.

서둘러 작업한 만큼 꼼꼼함이 부족했다. 이후 곳곳에서 문제가 발생했다. 싱크대 서랍장은 부드럽게 닫혀야 하는데 장치가 잘못된 건지 딱딱 소리가 나며 세게 닫혔다. 여닫이장도 제대로 맞지 않았다. 결정적인 것은 식탁과 가구 사이의 이음새가 틀어지면서 식탁의 수평이 잘 맞지 않는다는 점이었다. 누가 봐도 시공이 잘못된 상태였다. 비싼 탓에 망설이고 또 망설이면서도 H사를 택한 건 품질이 좋을 것이라는 믿음, 완벽하게 시공될 것이라는 기대 때문이었는데 이렇게 엉망으로 만들어놓은 것을 보니 너무 속상했다. 당장 영업사원에게 연락해서 시정해달라고 요구했다.

여기서 다시 한 번 당황스러운 일이 발생했다. 우리는 제대로 A/S를 해주지 않을 것이라곤 생각도 하지 못했다. 다시 날을 잡아 시공해야 하는 것이 번거로워 화가 났을 뿐이었다. 그런데 시공 상태를 확인한 영업사원은 변명만 늘어놓았다. 당연히 신속하게 처리해주리라 믿었는데, 이 정도의 문제는 별일 아니라는 투로 이미 시공했으니 어쩔 수 없다는 태도를 취했다.

아니, 이런 고가의 큰 가구를 팔면서 식탁 수평도 제대로 맞추지 못한다니 말이 되는가! 게다가 큰일이 아니라니. 영업사원과는 이야기가 통하지 않아 바로 본사에 전화를 걸었다. 좋게 말해서는 일이 해결되지 않을 기세였다. 우리는 이런 어처구니없는 결과에 대해 거세게 항의했다. 다음 날 H사 본사에서 서비스 책임자, A/S 책임자, 시공 책임자 등 총 다섯 명의 작업자가 와서 다시 살펴보기 시작했다. 대부분 뜯어내고 거의 새로 시공을 했다. 다행히 이음새를 완벽하게 맞추고 나니 식탁 수평이 맞았고 레일을 새로 붙이니 서랍과 여닫이문도 부드럽게 잘 닫혔다. 문제가 있던 부분이 모두 해결된 것이다. 시간이 걸렸고 마음고생도 했지만 그래도 재시공된 모습을 보자 마음이 놓였다. 한편으로 이건 분명 당연히 받아야 할 서비스인데 큰소리를 낸 후에나 해결되나 싶어 씁쓸한 기분마저 들었다.

그런데 여기서 끝이 아니었다. 시공하는 과정에서 발생한 엄청난 먼지들이 싱크대 하단에 그대로 남아 있는 것을 뒤늦게 발견한 것이다. 작업을 하면서 가루가 날리는 것은 어찌할 수가 없다. 하지만 최소한 주방만큼은 음식을 하는 공간인데 기본적인 먼지들을 제거했어야 하는 게 아닐까. 만약 작업이 완벽하게 끝났다면 우리도 싱크대 밑바닥에 이토록 먼지가 가득한지는 전혀 모른 채 살았을 것이다. 싱크대 하단은 전부 걸레받이로 닫아버리기 때문에 보통의 경우 그곳을 열어볼 일은 없다. 그런데 불행인지 다행인지, 작업자들이 다시 시공을 하면서 전기밥솥 콘센트를 빼놓고 그냥 가버렸다. 콘센트가 안쪽에 있었기에 우리가 해결할 수가 없어 A/S 기사를 불렀다. 기사는 싱크대 하단을 다시 뜯어 콘센트를 연결해주고는 돌아갔다. 다음에 또 콘센트 문제가 생길까 봐 싱크대 안쪽 구조를 미리 확인하기 위해 걸레받이를 열어본 순간 도저히 눈앞의 광경을 믿을 수 없었다. 싱크대 밑바닥에 엄청난 가루들이 뽀얗게 쌓여 있었다. 보이지 않는 곳은 어찌 되어도 상관없다는, 겉만 번드르르하게 꾸며 소비자에게 비싼 값을 받아 챙기는 대기업의 마인드가 그대로 담겨 있는 것 같아 언짢은 마음을 감출 수가 없었다.

또 하나, 주방 계량기를 지나치게 용량이 큰 것으로 설치해버렸다. 보통 계량기를 설치하기 전에 냉장고, 전기레인지, 식기세척기 등 가전 기기들이 어느 정도의 용량인지 계산한다. 우리 집의 경우 8킬로와트 정도면 충분했다. 그런데 나중에 보니 자그마치 25킬로와트짜리 계량기가 설치되어 있었다. 사용하는 데는 문제가 없겠지만, 큰 계량기를 설치하면서 추가로 200만 원 정도의 비용이 더 들어갔다. 분명 시공 현장에서 누군가가 잘못 말했거나 잘못 들어서 그렇게 된 것일 텐데 그 과정에서 피해는 고스란히 우리 몫이 되었다.[1]

엄마의 소리가 들리는 주방

요리하는 남자들이 늘어났다고는 해도 주방은 여전히 여자의 공간이다.

친정 엄마의 요리 솜씨가 남달랐던 덕에 나에게 주방은 늘 선망과 그리움의 공간이었다. 선수 시절 미국에서 지낼 때 가장 생각났던 것도 바로 엄마가 도마 위에서 음식 재료를 썰 때 내는 '탕탕' 소리였다.

오늘은 무슨 요리를 해주시려나 소리만으로 잔뜩 기대를 했다. 집 생각이 날 때면 엄마에게 전화를 걸어 아이처럼 이렇게 말하곤 했다.

"나, 엄마가 부엌에서 칼질하는 소리, 듣고 싶어."

엄마는 어떤 요리든 뚝딱뚝딱 잘 만드셨다. 재료를 아끼지 않고 푸짐하게 만들어내는 엄마의 요리를 먹다가 식당에서 사 먹으면 왠지 치사한 기분까지 들었다. 육개장, 돌솥비빔밥, 콩나물국밥 같은 건 여전히 엄마가 해주는 게 그 어떤 맛집 음식보다 맛있다. 간혹 집밥이 지겹다고 하는 사람들을 보면 이해가 되지 않을 정도로 나에게 엄마의 요리는 세상 최고다.

하지만 나는 아직까지 요리 솜씨라고 할 만한 것이 없다. 간단한 오믈렛이나 카레를 만들어 먹는 정도랄까. 다행히 남편이 푸짐하게 차려먹는 것을 즐기지 않는다. 일할 때 배가 너무 부르면 잠이 쏟아지기도 하고, 또 머리가 잘 돌아가지 않는다는 이유에서다. 대신 머리도 식힐 겸 밖으로 나갈 때는 제대로 된 식사를 즐기는 편이다. 그래서일까. 주방을 설계할 때만 해도 사실 별다른 감흥이 없었다. 그러다 집을 지으면서 조금씩 요리에 대한 로망이 생기기 시작했다.

아기가 자라면 본격적으로 요리도 하고 간식도 만들어주고 싶다. 얼마 전 식당에서 스파게티를 먹는데 아이가 옆에서 하도 먹고 싶어 해서 조금 줘봤더니 너무 맛있게 잘 먹는 것이었다. 아직까지는 이유식을 더 많이 먹지만 곧 이것저것 먹을 수 있는 게 많아질 테다. 그러면 텃밭에서 키운 토마토로 스파게티도 만들어주고, 고구마도 캐서 구워주고, 땅콩도 키워서 볶아주고 싶다. 학교에서 배가 잔뜩 고픈 채로 집에 왔는데 맛있는 냄새가 솔솔 난다면 아이가 얼마나 행복해할까. 어느덧 아이가 식탁에 앉아 "엄마! 배고파요, 빨리 주세요!" 하며 재촉하는 모습을 상상해본다. 마치 내가 어릴 적 매일 그랬던 것처럼 말이다.

앞으로도 한동안 도움을 받아야 할 것 같아 주방만큼은 친정 엄마와 상의를 많이 했다. 주방은 가족들이 함께 모여 앉아 다과를 즐기며 이야기를 나누는 공간이기도 해서 볕이 잘 드는 곳에 배치하기로 했다. 또 엄마는 보조 주방이 따로 있으면 좋겠다고 하셨다. 생선이나 고기를 구울 때 혹시라도 환기가 잘 안 되면 집 안에 연기가 자욱할 수 있으니 문 달린 보조 주방을 별도로 설계해 냄새도 차단하면 좋겠다는 것이었다. 예전에 엄마가 식당을 하신 적이 있어서 보조 주방에는 식당용 버너를 설치하기로 했다. 화력 좋은 버너를 이용해 요리하는 것이 손에 익었기 때문이다.

기본적으로 주방이 작은 편은 아니지만 그럼에도 최대한 수납공간을 많이 만들어달라고 했다. 주변 사람들의 조언을 참고해서였다. 다들 한목소리로 수납공간이 적어서 불편한 것은 있어도 많아서 나쁠 건 없다고 했다. 아일랜드 식탁 밑에도 서랍을 만들어 수납공간을 늘릴 것인지, 아니면 그냥 비워놓고 의자에 앉았을 때 다리를 편히 넣을 것인지 고민했는데, 결국 짜 넣기로 했다. 이미 수납공간이 많은데 더 필요할까 싶었으나 식탁의 서랍장은 또 다른 용도로 유용할 듯했다. 식탁 위에 소소한 물건이 올라와 있으면 왠지 정돈되지 않고 지저분한 느낌이 드는데 모두 서랍에 정리해 넣어버리면 그만이기 때문이다. 수납공간이 많으면 많을수록 좋다는 이야기를 듣고도 그다지 실감이 나지 않았는데, 물건을 채워놓고 살다 보니 수납장이 많아서 얼마나 안심인지 모른다.

주방은 고급 가구로 잘 꾸며져 있지만 아직 충분히 이용하지 못하고 있다. 살림을 오래하다가 집을 지은 게 아니라서 어떤 스타일이 나에게 잘 맞는지 알지 못한 채 주방을 설계한 탓인지, 여전히 낯선 기분이 든다. 다들 식기세척기를 설치해야 편리하다기에 우리 집에도 들여놓았지만 초반에는 거의 사용하지 않았다. 설거지가 많아도 손으로 하면 30분 정도 걸리는데 식기세척기를 돌리니 기본 두 시간에, 간편 코스로 해도 한 시간이 돌아갔다. 가만히 앉아 식기세척기에서 나는 물소리를 듣고 있자면 그릇 몇 개 닦자고 저렇게 많은 에너지를 낭비하나 싶어 왠지 마음이 불편했다.

또 가스레인지는 켤 때 여러 가지 유해 물질이 나온다고 들어서 훨씬 더 비싼 전기레인지를 설치했는데 잘 사용하진 않는다. 보조 주방에 화력이 센 버너가 있으니 굳이 답답한 전기레인지에는 손이 가지 않는 것이다.

아직 살림이 익숙지 않은 초보 주부이기에 뭘 넣고 빼야 할지 판단이 잘 서지 않았다. 그저 남들도 다 한다기에 따라서 설치한 것이라 아쉬울 따름이다. 주방은 나에게 탐험의 대상이다. 어떻게 코디해야 할지 몰라 벽장 속에 묵혀둔 근사한 코트와 같다고나 할까. 시간이 지나 아이가 자라고, 살림에 점점 노하우가 생기면 이 주방이 지금까지와는 다른 느낌으로 다가올 것 같다. 넓은 아일랜드 식탁에서 아이와 함께 쿠키도 만들고, 생일에는 오븐에 케이크도 구울 그날을 기다린다.

아니 보일러실이 왜 여기에?

우리 집 보일러는 굉장히 이상한 곳에 있었다. 1층과 2층 사이에 두 사람쯤 들어가서 앉을 수 있는 작은 창고를 만들어 거기다 보일러를 넣었다. 그야말로 창 하나 없는 밀폐된 공간이다. 꼭 다락처럼 되어 있어 기사가 점검이나 수리를 할 때는 밑에 의자를 놓고 올라가 안으로 기어 들어가야 한다. 보일러실을 1층 한쪽에 별도로 만들어도 상관없는데 대체 왜 이런 설계를 했을까. 부지가 좁은 것도 아닌데 말이다.

상식적으로 보일러를 그런 밀폐된 공간에 넣었다는 게 이해되지 않았다. 답답한 마음에 보일러를 설치한 기사에게 물었더니, 황망한 대답이 돌아왔다.

"설치하기 불편하셨죠? 그런데 이런 곳에 보일러를 넣기도 하나요?"

"아뇨, 여기는 보일러가 들어가면 큰일 나는 자리예요. 시공할 때부터 제가 결사반대했는데도 건축가와 시공사 대표 그리고 현장 소장이 아무 문제 없다고, 당신은 무조건 설치만 하면 된다고 해서 설치했거든요."

적잖이 당황스러웠다. 설마 이런 위험한 설계를 과연 어떤 건축가가 할까 싶었다. 그리고 어떤 시공업자가 시공할까 싶었다.

우리는 교하 신도시에서 여러 채의 집을 짓고 있던 지앤건설 김성한 대표에게 보일러실을 보여주고 상태가 어떤지 문의했다(김성한 대표는 파주와 김포 쪽에서 집을 짓는 건축주들에게 평이 좋은 분이다. 집을 지어주곤 나 몰라라 잠적해버리는 경우도 많은데, 오히려 본인이 그것을 견디지 못해 다른 시공업자가 지은 집까지 봐주고 있다. 우리 집뿐만 아니라 다른 집까지 역시 꼼꼼하게 확인해준다). 그는 몇 가지 문제를 지적했다. 첫째, 보일러는 몇 년이 지나면 반드시 고장이 난다. 그 과정에서 가스가 누출되면 큰 사고로 이어질 수 있다. 따라서 실내의 밀폐된 공간에 보일러를 설치했을 경우 가스 누출기도 같이 달았어야 한다. 둘째, 요행히 보일러가 고장 나지 않는다고 해도 오래되면 폐가스가 나온다. 그러므로 이 공간에 최소한 환기팬이라도 설치했어야 한다.

우리는 굉장히 충격을 받았다. 결국 다시 몇 백만 원을 들여 1층 다용도실로 보일러를 내리는 공사를 했다. 다용도실에 넣어두었던 짐 몇 개를 정리하면 보일러 두 대를 설치할 자리가 생겨서 큰 문제는 아니었다. 다만 예상치 못한 비용이 추가되는 일이라 황당한 건 어쩔 수 없었다. 게다가 공사 기간에 받아야 할 스트레스까지 생각하면 손해가 막심했다.[2]

우리 집뿐만 아니라 의외로 보일러실 위치가 이상한 주변 이웃들이 적지 않았다. 한 층에 설치하면 간단할 것을 1층과 2층에 각각 보일러실을 만드는 경우도 있었다. 그러니 처음 설계할 때부터 보일러실 위치까지 정확히 이야기하고 가야 한다. 당연히 알아서 해줄 것이란 믿음에 중요한 부분을 놓칠 수도 있다. 건축주가 그런 것까지 챙겨야 하나 싶어 허탈한 마음도 들겠지만 애초에 합의하지 않으면 여러 문제가 생길 수 있다.

도면을 보는 것은 쉽지 않다. 그럼에도 건축주는 기술적 약자이기에 설계도를 보는 공부를 해야 한다. 그래야 좀 더 만족스러운 집을 지을 수 있다.

보이기 위한 집? 우리를 위한 집!

사람들이 집을 지을 때 자주 잊는 것이 있다. 바로 '집을 왜 짓느냐?' 하는 문제다. 집을 짓는 이유는 결국 가족이 행복하고 안락하게 지내기 위해서인데, 짓다 보면 가족보다는 남의 시선을 신경 쓰곤 한다. 과연 손님들이 와서 탄성을 지를 만큼 근사하게 짓는 게 더 중요할까.

우리 집 조명이 그랬다. 조명 자리를 너무 많이 만들어서 그 공간을 메우느라 갖가지 조명을 끼워 넣어야만 했다. 몇몇 조명은 굳이 있을 필요가 없는 자리에 있었다. 물론 환히 밝혀두면 집 안이 좀 더 분위기 있게 보이겠지만 사는 동안 분위기 좀 내보겠다고 전체 조명을 모두 동원할 일이 얼마나 되겠는가.

부엌 싱크대에 예상 외의 금액을 들인 이유도 가만 생각해보면 남에게 우리 집이 좀 더 멋지게 보여야 한다는 생각 때문이었다. 우리가 주방 가구를 고르지 못해 고민할 때 이현욱 소장이 결정적으로 해준 말이 있었다. 둘은 이미 알려진 사람들이라 방송이든 잡지든 집이 외부에 노출되는 일이 잦을 텐데, 그럴 때 이왕이면 예쁘고 근사한 게 좋지 않겠냐고, 조금 비싸더라도 좋은 싱크대를 설치하는 게 후회가 없지 않겠냐고 했다. 우리가 집에 대한 생각이 확고해서 "그런 건 절대 필요 없고 우리 스타일대로 편안하고 소박하게 꾸미겠다."라고 자신 있게 말했더라면 주방에 그리 큰돈을 쏟아붓지 않았을 것이다. 하지만 우리 역시 이왕이면 다른 사람이 보고 부러워할 만큼 예쁘게 짓고 싶은 욕망이 있었던 것이다.

지금 생각해보니 우리가 얼마나 부질없는 생각에 휘둘렸는지 알겠다. 집은 누구에게 보이기 위한 공간이 아니다. 집의 주인은 우리 가족이며, 고로 철저하게 우리 가족 위주로 만들어져야 한다. 물론 양가 부모님도 오시고 손님들이 놀러 오기도 한다. 하지만 1년 중에 그런 날이 얼마나 될까. 며칠 안 되는 날을 위해 비실용적인 공간을 더 만든다거나 돈을 들인다는 것은 굉장한 낭비 아닐까.

집을 지으면서 우리 둘 다 집에 대한 철학이 확고해지는 기분이다. 본래 성공보다 실패로부터 더 큰 깨달음을 얻는 법이다. 우리 부부의 생활 패턴과는 맞지 않는 값비싼 주방 가구들을 바라보면서 얼마나 불필요한 허상에 집착했는지를 깨달았다. 평생 깨닫지 못했을 것을 깨달았다는 것만으로도 수업료는 가치가 있었다.

단독주택 건축주 중에 간혹 손님이 올 때를 대비해 게스트룸까지 따로 만드는 사람이 있다. 식구들은 잘 사용하지 않는, 오로지 손님만을 위한 공간이다. 방문객들은 특별한 배려에 감탄할지 모른다. 그들이 편히 머물다 간다면 집주인으로서도 뿌듯한 일이다. 하지만 살다 보면 손님이 그리 자주 오는 일도 없으며, 자주 온다면 의외로 골치 아픈 일이 생긴다.

단독주택을 둘러본 친구들이 이보다 좋은 아지트는 없다며, 종종 바비큐도 하고 밤새 이야기나 나누자고 하는 상황을 생각해보자. 우리의 일상은 파괴된다. 제주도나 강원도 같은 우리나라의 대표적인 휴가지에서 살고 있는 사람들이 늘어놓는 고충이 있다. 평소 친하지도 않던 사람들이 모처럼 거기로 놀러 가려는데 하루나 이틀 묵어가도 괜찮겠냐고 연락이 온다는 것이다. 처음 몇 번은 반가워서 흔쾌히 방을 내어주고 충실히 대접해준다. 하지만 이런 일이 반복되다 보면 나중에는 피하게 된다는 것이다. 휴가지에 산다고 1년 365일 휴가는 아니다. 각자의 생업이 있다. 그런데 지인들이 번갈아가며 일상을 방해한다면 곤란하지 않겠는가. 가끔

집을 짓고 나서야 비로소 깨달은 것이 있다면, 우리에게 좋은 집이 결국에는 남들이 보기에도 좋아 보인다는 것. 편안하고 담백한 삶이 곧 행복이듯이 집도 그렇다.

친구가 놀러 와 편안하게 고기도 구워 먹고 자연을 즐기는 것은 좋다. 하루 이틀쯤 자고 가도 괜찮다. 하지만 그 빈도가 '따로 공간을 마련해야 할 만큼'이어서는 곤란하다.

집은 우리 가족이 세상에서 가장 안전하고 행복하게 지낼 수 있는 소중한 공간이다. 그 공간이 타인의 시선에 의해 좌우된다면 그만큼 불행한 일도 없다. 남들이 우리 집을 보며 감탄하는 것에 만족감을 얻어야 할 만큼 우리는 정서적으로 가난하지 않다. 철저하게 우리 가족만 생각하고 짓는 집이 결과적으로는 남들에게도 더 좋아 보인다.

다른 시선을 생각하지 않는 순간 건축비는 상당히 줄어든다. 살면서 보람도 커진다. 웨딩드레스는 예쁘지만 불편하다. 예쁘고 불편한 것은 결혼식 하루로 족하다. 그 이후의 삶은 면으로 만든 실내복처럼 편안하고 담백해야 한다. 집도 그렇다.

#5 인문학적 집짓기의 탄생

멋진 집이 탄생하다

집을 짓는 과정은 마법 같다. 아무것도 없던 땅 위에 건물과 공간이 생긴다는 게 정말 신기한 일이다. 처음 땅을 샀을 때는 말 그대로 아무 느낌이 없었다. 빈터 이상도 이하도 아니었다. 하지만 시간이 지나 조금씩 집의 형태가 갖춰지는 걸 보며 정이 들기 시작했다. 현장에 갈 때마다 차츰 건축이 진행되는 것을 보면서 기대도 되고 설레기도 했다. 과정을 하나하나 지켜봐서인지 집이 완성되었을 때는 마치 오랫동안 배에 품고 있던 아이를 낳은 것 같은 기분이었다. 예산을 좀 초과했지만 그래도 잘 지어졌다.

집에 와본 사람들이 공통적으로 하는 말이 있다.

"목조주택이라고 하더니 나무로 지은 것 같지 않은데?"

목조로 집 짓는 사람이 늘어나기는 했지만 여전히 우리나라에서 단독주택을 짓는 재료는 콘크리트가 대세다. 아직은 생소한지 목조주택이라고 하면 영화에 나오는 나무 모양이 고스란히 드러난 집을 상상한다. 하지만 아니다. 겉에서는 나무가 보이지 않는다. 골조가 나무일 뿐, 표면은 다른 집들과 다를 바가 없다. 바깥에서는 목조주택인지 아닌지 전혀 알 수 없지만 집 안에 들어서는 순간 비로소 목조주택이라는 게 실감난다. 대개 중목구조로 지어 기둥과 보가 드러나 있기 때문이다. 다른 인테리어보다 나무에 시선이 간다. 확실히 묵직하고 고풍스러운 느낌을 준다. 시멘트 주택만큼 다양한 모양을 만들 수는 없지만 나무가 노출되어 있기에 흰 벽지만 발라놓아도 분위기가 제법 그럴듯하다.

우리 집은 독일산 나무로 지었다. 목수들의 말에 의하면 약 600그루의 나무가 들어갔다고 한다. 실로 엄청난 숫자라 우리는 듣고도 깜짝 놀랐다. 집 자체가 하나의 숲인 셈이다.

집에 가만히 있다 보면 나무가 움직이는 소리가 난다. 처음에는 무슨 문제가 있나 싶었는데, 이게 목조주택의 장점이란다. 집이 생물처럼 살아 있는 것이다. 살아서 수축과 팽창을 하기 때문이다. 목조주택은 1년이 지나면 문들이 미세하게 맞지 않는다. 습기를 머금었다 뱉으면서 문이 뒤틀린다. 그래서 전문가를 불러 다시 맞추는 작업을 해야 한다. 불편하고 번거롭지만 그게 바로 집이 살아 있다는 증거라고 생각하면 기쁘게 받아들일 수 있다. 시멘트 주택에서는 느낄 수 없는 온화함도 목조주택의 장점이다. 시멘트 주택은 특유의 차가움이 있다면 목조주택은 집 안 전체가 부드럽고 훈훈한 느낌을 준다.

가끔 사람들이 우리 집에 놀러 오면 나무 냄새가 코를 찌른다고 한다. 시멘트 집은 아무런 냄새가 나지 않는데 우리 집은 나무 특유의 냄새가 난다는 것이다. 그건 사람들이 시멘트 냄새에 코가 무뎌진 탓이다. 우리는 집에 있으면서 나무 냄새가 난다는 생각을 하지 않는다. 하지만 시멘트로 지은 집에 가면 특유의 냄새가 훅

집 안 곳곳에 노출되어 있는 나무 기둥 덕분에 아파트나 시멘트로 지은 집에서는 느낄 수 없는 목조주택 특유의 온화하고 훈훈한 기운을 매일 느낄 수 있다.

끼쳐온다.

아는 사람이 용인에 아파트를 분양받았다고 했다. 평당 2000만 원 정도 하는 50평짜리 아파트였다. 수도권에서 평당 2000만 원 하는 집이라면 평범한 아파트는 아니다. 마감을 꽤 고급스럽게 했을 것이다. 그 사람이 우리 집을 보고서는 감탄을 금치 못했다.

"우리 집이 10억인데, 이렇게 큰 단독주택은 한 30억은 하겠네요."

"아니에요. 땅값에 세금까지 전부 합쳐서 그쪽 아파트보다는 싼값에 집을 지었는데요."

그는 놀라움을 금치 못했다. 물론 가격만 보면 9억 후반대의 집이 저렴하다고 할 수는 없다. 하지만 수도권 아파트와 비교해보면 싼 집이다. 30평대 대치동 아파트의 반값으로 총 3층짜리 주택에 넓은 마당과 안락한 다락, 개인 작업실과 차고까지 딸린 집을 지었으니 말이다. 게다가 현관문만 열고 나오면 바로 땅을 밟을 수 있다는 것이 생각보다 벅찬 행복이다.

재테크의 측면에서는 우리가 아주 바보 같은 짓을 한 것일 수도 있다. 교외에 땅을 사고 단독주택을 지었다고 하면 "아직 젊은 부부가 재테크에는 전혀 관심이 없나 봐요?" 하고 되묻기도 한다. 무슨 말씀. 우리는 재테크에 관심이 있다. 하지만 단지 재테크를 위해 불편하고 답답한 곳에서 인생의 가장 소중한 시간을 보내고 싶지 않은 것뿐이다. 강남 집값이 고공 행진을 해도 우리 집은 늘 평온한 집값을 유지할 것이다. 뭐, 배가 살짝 아프긴 하겠지만 순간순간 여유롭고 편안하게 지내고 있으니 밑지는 일은 결코 아니다. 누가 아는가. 10년 뒤, 20년 뒤 이 집의 가치가 어떻게 변할지. 그때는 별도 보이고 공기도 깨끗한 우리 집이 더 주목받을 수도 있다.

목조주택의 배신

어떤 건축가들은 마치 목조주택에만 들어가면 아토피든 비염이든 전부 해결될 것처럼 이야기한다. 그건 어느 정도 과장된 이야기다. 물론 시멘트 주택에 비해서는 당연히 낫다. 하지만 나의 경우 비염이 완쾌되지는 않았다. 복잡한 도심을 벗어나 외곽에서 조용하게 지내다 보면 건강이 좋아질 수도 있다. 하지만 목조주택에 산다고 몸이 갑자기 건강해지는 건 아니다.

그리고 그동안 알려지지 않았던 사실이 하나 있다. 목조주택이 100퍼센트 완전한 친환경 주택은 아니라는 것이다. 집을 직접 지어야겠다고 서둘렀던 건 시멘트로 지은 아파트나 주택이 아이에게 좋지 않을 것 같아서였다. 그 문제를 굉장히 우려하고 있다는 것을 이현욱 소장이 잘 알고 있었고 목조주택이 그 해결책이라고 했다. 우리는 목조주택만이 완벽한 친환경 주택이라는 믿음을 가졌다.

하지만 실제로 목조주택을 지으면서 보니 오늘날의 목조주택은 완벽한 의미의 목조주택이 아니었다. 가공 기술이 발달하지 않았던 시대에는 나무를 통으로 잘라 목조주택을 지었을 것이다. 지금은 가공된 상태의 목재를 사용한다. 이른바 집성목이다. 우리 집에 쓰인 나무도 상당 부분 집성목이다.

원목은 가공을 하지 않은 천연 그대로의 재료를 말한다. 가구의 경우 원목을 사용한 것이 가장 좋다. 원목은 실내 습도를 조절하는 기능을 가지고 있다. 습할 때는 공기 중의 습기를 흡수하고, 건조할 때는 수분을 내뱉는다. 다만 무게가 무겁고 가격이 비싸다는 단점이 있다. 이런 점을 보완해주는 재료가 있다. 저렴한 가구에 흔히 쓰이는 MDF다. 톱밥 같은 나무 가루를 접착제와 섞어 압착해 만든 합판이다. 상대적으로 싸고 가볍지만 접착제에서 포름알데히드가 방출된다는 치명적인 단점이 있다. 좋은 접착제를 쓰면 되지만 그만큼 가격이 올라가고 그러면 저렴하다는 장점이 사라지기 때문에 그런 경우는 거의 없다.

목조주택을 지을 때 주로 사용하는 집성목은 원목과 MDF의 중간쯤 된다. 나무를 일정한 형태로 절단하고 나서 이를 다시 접착제로 이어 붙인 목재다. 집을 짓는 데 그냥 나무를 잘라 사용하면 되지, 왜 굳이 집성목을 사용할까.

가공하지 않은 나무로 집을 짓는다면 통나무집 같은 형태가 될 것이다. 얼핏 생각하면 대단히 낭만적이다. 자연 그 자체를 흠뻑 느낄 수 있을 것 같은 기분이다. 하지만 실제로 들어가서 살기에는 문제점이 많다. 최근 지인이 자신의 통나무집을 철거했다. 이유는 엄청난 벌레 때문이었다. 통나무집의 경우 곳곳에 벌레들이 파고 들어가 알을 깐다. 약을 치는 정도로는 벌레를 다 잡을 수가 없다. 시간이 지날수록 벌레는 점점 늘어나, 결국 늦은 밤 편히 잠자는 사람의 귓속에까지 스멀스멀 기어 들어가는 지경에 이른다고 한다. 낭만적이고 친환경적이지만 현실적으로 관리하기가 너무나도 힘든 것이다. 그래서 대안으로 나온 것이 집성목이다. 집성목은 벌레가 잘 들어가지 않을뿐더러 들어가도 퇴치가 가능하다. 게다가 원목에 비해 저렴하고 규격화되어 뒤틀림이나 갈라짐에 강하다는 장점이 있다. 하지만 가공하는 과정에서 접착제가 들어갈 수밖에 없다. 천연 재료에 화학물질이 섞이는 것이다.

우리는 집성목의 존재를 몰랐다. 그만큼 우리는 목조주택에 대해 제대로 아는 바가 없었다. 이현욱 소장도 집성목에 대해서는 입도 벙긋 안 했다. 결국 우리는 순진하게도 목조주택은 천연 나무로만 짓는다고 생각했다. 모든 유해 물질로부터 안전한 집이라고 믿었던 것이다. 그런데 집 짓는 재료가 나무일 뿐, 그걸 이어 붙이는 데 접착제를 비롯한 각종 화학물질이 들어간다는 것은 집을 지으면서 알게 되었다.

물론 시멘트 집보다는 백 배 낫다. 지구 환경과 우리 건강에 좋은 것도 맞다. 나무는 UN이 인정한 유일한 탄소흡수원이다. 목재를 이용하면 이용할수록 탄소저장고가 늘어나 대기의 온실가스를 줄일 수 있다. 하지만 집을 짓고 바로 신생아를 들일 정도는 아니다. 집성목뿐만 아니라 집의 각종 마감재들도 문제였다. 그나마 나은 것을 고른다고 골랐지만 여전히 독성 물질을 뿜고 있었다.

우리는 적잖이 당황했다. 안 그래도 아기가 태어나자마자 폐렴에 걸려 걱정스러운 마음이 가득하던 차였기에 더 민감하게 다가왔다. 그나마 친환경 집을 짓고 있어 다행이라는 생각을 했는데 여전히 유해 환경에서 자유로울 수 없다는 것이 우리를 허탈하게 했다.

우리는 이현욱 소장에게 왜 이런 사실을 미리 이야기해주지 않았느냐고 물었다. 그러자 이 소장은 한참 동안 엉뚱한 말을 늘어놓더니, 획기적인 대책이 있다, 바로 환기다, 환기만 잘 해주면 모든 환경호르몬 문제가 해결된다고 했다. 그러나 환기를 자주 해준다고 해서 단기간에 모든 유해 물질이 다 사라질까. 입주 시점이 겨울이라면 어떻게 할 것인가. 또 신생아를 두고 장시간 환기를 할 수 있을까.

목조주택이 가진 친환경적이지 않은 요소에 대해 우리가 충분히 알았더라면 그리 급하게 집을 짓고 이사할 계획을 세우지는 않았을 것이다. 제대로 준비되지 않은 상태에서도 집을 짓기로 마음먹은 것은 순전히 이제 곧 태어날 아기 때문이었다. 목조주택이 아이들에게도 정말 좋다는 이야기를 몇 번이고 들었다. 그렇지 않았다면 당연히 집 짓는 시점을 조금 미뤘을 것이다. 친환경적인 집을 짓고 이사를 간다는 생각에 굉장히 들떴고 기대가 컸던 만큼 실망도 이만저만한 게 아니었다. 그 집으로 바로 아기를 데려갈 수는 없었다. 아이는 당분간 외할머니 집으로 가야 했다.

환경호르몬을 제거하기 위한 필사적인 노력

우리가 지은 집이 친환경 주택이 아니라는 데 큰 충격을 받았으나 이미 다 지어진 마당에 어찌할 도리가 없었다. 하긴 그 많은 자재들을 죄다 접착제로 붙였는데 어찌 완벽하게 친환경 집일 수 있을까. 아기를 데리고 오기 위해서는 이현욱 소장이 제안한 대로 환기라도 열심히 시켜야 했다.

새집증후군을 없애는 가장 좋은 방법으로 전문가들은 베이크 아웃(bake out)을 권한다. 베이크 아웃이란 열을 가해서 유해 물질을 빨리 빼내는 것을 말한다. 빵을 굽듯이 실내 온도를 높이면 건축 자재 등에서 나오는 유해 물질이 일시적으로 증가하는 원리를 이용한 것이다. 방법은 간단하다. 창문과 문을 닫고 일곱 시간 이상 보일러를 가동시켜 실내 온도를 약 40도로 유지한다. 그 후 30분에서 한 시간가량 환기를 시키고 다시 문을 닫고 불을 땐다. 열을 받으면 가구, 벽지, 바닥의 오염 물질이 급격히 방출된다. 이런 방식으로 2주 정도 지속적으로 베이크 아웃을 진행하면 화학 물질의 60~70퍼센트가 사라진다고 한다. 단, 주의할 점은 베이크 아웃을 하는 동안 집에 사람이 있으면 안 된다는 것이다. 열을 가하면 유해 물질들이 마구 올라오는데, 집에 있다가는 그걸 모두 들이마시기 때문이다. 집을 비워둔 채 2주간이나 베이크 아웃을 하는 게 현실적으로 쉽지 않아 보통 3~4회 정도 하고 입주하는 경우가 많다고 한다. 그것만 해도 아예 안 하는 것보다는 유해 물질이 많이 빠져나간 상태다. 나머지는 살면서 환기를 자주 해주기만 해도 괜찮다.

우리는 신생아가 있으니 좀 더 확실하게 하고 싶었다. 대략 한 달 넘게 베이크 아웃을 했다. 집이 4월 20일경 완공되었는데 결국 아기를 데려온 날은 5월 말이었다. 베이크 아웃을 오래했지만 신생아를 데려와도 되는지 끝내 마음이 놓이지 않아 환경호르몬에 아주 예민한 주변 지인들에게 집이 어떤지 좀 봐달라고 부탁했다. 기계보다 정확하게 몸으로 공기의 질을 느끼는 사람들이었다. 집에 환경호르몬이 있으면 몸이 즉각적인 반응을 보인다고 했다. 그 사람들을 집에 초대했는데 다행히 우리 집에 머무르는 동안 별다

새집증후군을 없애는 가장 좋은 방법으로 전문가들은 베이크아웃을 권한다. 문을 닫고 7시간 이상 보일러를 가동시켜 실내 온도를 약 40도로 유지한 후, 30분 이상 환기를 시킨다.

른 이상이 일어나지 않았다. 오랫동안 베이크 아웃을 해준 덕인지 대부분의 독성이 제거된 듯싶었다.

우리는 사는 동안 환기를 자주 하려 애썼다. 날이 점점 더워지면서부터는 에어컨을 틀고 창을 열었다. 엄청난 전기 요금이 나왔지만 그래도 마음은 편했다.

시멘트 주택의 경우 지은 지 3~5년 이상, 목조주택은 1년이 지난 후에 들어가는 것이 이상적이라고 한다. 하지만 그 기간 동안 집을 그냥 비워둔다는 게 만만치 않은 문제다. 독성이 다 배출될 때까지 갈 데가 없기 때문이다. 얼른 입주하기 위해서는 짧게나마 베이크 아웃을 하는 수밖에 없다. 우리는 그나마 봄에 입주해서 다행이었다. 겨울이었다면 그리 오래 환기를 시킬 수 없었을 것이다.

새집에서 환경호르몬이 가장 많이 나오는 것은 다름 아닌 벽지라고 한다. 실크 벽지는 디자인도 다양하고 색감도 예쁘다. 시멘트 주택의 경우 실크 벽지로 도배하는 것이 그나마 낫다고 하지만 목조주택은 나무가 숨을 쉬어야 하기 때문에 실크 벽지를 쓸 수가 없다. 우리도 처음에는 아무 생각 없이 실크 벽지를 고르려다가 종이 벽지밖에 안 된다는 사실에 적잖이 실망을 했었다. 하지만 환경호르몬 문제를 접하고 나자 오히려 다행이라는 생각이 들었다.

실크 벽지는 여러 모로 편리하다. 오염이 묻어도 쓱 닦아내면 감쪽같기 때문이다. 그에 비해 종이 벽지는 쉽게 더러워진다. 하지만 실크 벽지는 말이 '실크'일 뿐, 실은 종이 위에 PVC, 즉 폴리염화비닐을 덧씌운 것이다. 실크 같은 느낌을 내기 위해 종이 표면에 인위적인 코팅을 한 것이다. PVC를 용도에 맞게 변형하기 위해서는 가소제가 필요하다. 가소제는 호르몬 교란 작용을 일으켜 여성에게는 유방암의 발생 가능성을 높이고 남성들의 경우 불임의 원인을 제공할 수도 있다고 한다. 아이들의 정상적인 성적 발달에도 문제를 일으킬 수 있다. 뿐만 아니라 화재가 났을 때는 다이옥신 같은 유독 물질을 내뿜는다. 선진국에서는 신발에도 사용하지 못하게 하는 PVC가 국내에서는 실내 벽지와 장판에 쓰이다니 놀랍지 않은가. 아이를 건강하게 키우려고 값비싼 친환경 먹거리를 구입해놓고는, 실크 벽지로 알록달록 장식한 방에서 놀게 하는 것 자체가 대단한 아이러니인 것이다.

집 짓는 과정, 그리고 입주 후에 열심히 환기하는 과정에서 우여곡절을 거듭했지만 어쨌거나 우리나라에서 거의 찾아보기 힘든 친환경 집이 탄생한 것 같아 뿌듯하다. 첫째, 집에 들어간 시멘트를 방사능 위험으로부터 안전한 친환경 제품으로 사용했다는 점, 둘째, 레미콘을 돌릴 때 들어가는 혼화제를 전혀 쓰지 않았다는 점이 그렇다. 친환경 시멘트로 집을 짓는 경우도 흔치 않지만 그마저도 레미콘으로 시멘트를 섞는 과정에서 혼화제가 들어간다. 그 혼화제를 조금도 쓰지 않은 집은 우리 집이 유일할 것이다.

셋째, 입주 전에는 한 달 넘게 베이크 아웃을 했고 입주 후에는

11개월 동안 미친 듯이 환기를 했다. 이 정도면 보기 드문 친환경 집이라고 자부한다.

집을 지으며, 우리가 그동안 얼마나 집에 대해 무심했는지 깨달았다. 집을 짓지 않았다면, 아이가 태어나지 않았다면 여전히 우리는 별생각 없이 그냥 살아가고 있었을 것이다.

목조주택의 장점은 과장되어 있다

목조주택이 생각만큼 친환경적이지는 않다는 점에 덧붙이고 싶은 이야기가 있다. 근래 목조주택의 장점이 너무 부풀려져 있다는 것이다.

처음 목조주택에 대한 예찬을 들었을 때는 목조주택이 일반 시멘트 주택의 단점들을 모두 보완한 그야말로 '완벽한 집'이라고 생각했다. 하지만 직접 집을 짓고 난 후에는 업계 사람들의 말을 전부 진실로 믿어서는 안 된다는 걸 깨달았다. 목조주택은 절대 환상적인 주택이 아니다. 장점이 많지만 간과하기 힘든 단점도 분명 있다. 결국 목조주택이든 시멘트 주택이든 잘 알아보고 자신에게 맞는 집을 선택해야 다 지은 후 실망하는 일이 없다.

우리나라 목조주택은 대부분 집성목으로 짓는다. 본드가 잔뜩 함유되어 있는, 인간에게 전혀 좋지 않은 목재다. 가공하지 않은 목재로 짓는다면 당연히 친환경적이겠지만 이미 화학물질이 섞인 나무이기 때문에 과연 몸에 좋을지는 의문이다.

목조주택이 단열에 우수한 것은 사실이지만, 그렇다고 시멘트 주택이 단열에 큰 문제가 있는 것도 아니다. 시멘트 주택의 경우 벽 두께가 50센티미터 정도다. 단열재를 잘 붙이고 꼼꼼히 시공한다면 목조주택 못지않게 단열이 잘된다. 실제 난방비가 목조주택보다 적게 나오는 집도 있다. 시멘트로 만든 주택이 무조건 문제가 있는 것은 아니라는 말이다.

목조주택이 화재에 유리하다고 하는데, 이것 또한 단언하기 어렵다. 중요한 것은 단순히 잘 타지 않는 것이 아니라 몸통이 무너지기 전까지 충분한 시간이 있어 안전하게 대피할 수 있느냐다. 목조주택을 예찬하는 건축가들은 숭례문에 불이 났을 때 장장 여덟 시간이나 버텼던 예를 들면서 만약 콘크리트였다면 두 시간 안에 무너졌을 것이라고 말한다. 여덟 시간 동안 탔다는 것은 그 안에 있는 사람들이 다 살아나올 수 있다는 이야기라며, 목조가 화재에 훨씬 안전하다는 것이다. 하지만 숭례문은 주거를 목적으로 만든 것이 아니기에 별다른 단열재를 사용하지 않는다. 일반 목조주택의 경우 단열을 위해 펠트나 합성 소재 같은 인슐레이션(단열재)을 채워 넣는다. 그래서 불이 나면 마감재에서 유독 물질이 뿜어져 나와 콘크리트 주택 못지않게 위험할 수 있다.

목조주택이 콘크리트보다 수명이 길다고 하는데, 그것 역시 목조주택을 짓는 사람들의 주장일 뿐이다. 목조주택의 경우 방수를 잘못해서 습기를 먹으면 썩을 수 있다. 콘크리트든 목조든 제대로 지으면 오래가고 부실하게 지으면 금세 망가진다. 특별히 목조주택이 더 견고하다고 할 수는 없는 것이다.

집수리를 할 때 목조주택은 해당 부분을 톱으로 썰기만 하면 된다는데, 그것도 조금 황당한 부분이다. 목조주택이든 시멘트 주택이든 일단 공사를 시작하면 그리 간단하게 끝나지 않는다. 목조주택이라고 해서 벽면이 나무로만 되어 있는 것은 아니다. 집성목을 기본 골조로 단열재를 채워 넣고 그 바깥을 석고보드로 마감한 상태다. 일단 손대면 비용도 많이 들어가고 공정도 간단하지 않다. 오히려 시멘트 주택보다 더 번거롭고 피곤할 수도 있다. 목조주택이라고 해서 공사를 간단하게 끝낼 수는 없다.

지진이 일어났을 때 통나무는 찌그러지니까 목조주택이 시멘트 주택보다 안전하다고 하는데, 그것도 꼭 그렇다고 할 수는 없다. 목조주택에도 시멘트를 사용하는 때가 있다. 바로 방통(방바닥 통미장) 공사다. 지진이 날 경우 바닥 시멘트가 그대로 벌어질 수 있다. 집 전체가 시멘트로 둘러싸인 것보다 안전할 수 있을지는 몰라도 절대적으로 위험을 피하진 못한다. 지진으로부터 안전하려면 내진 설계가 잘되어 있어야 한다.

목조주택은 흔히들 꿈꾸는 '완벽한 집'이 아니다.

아이에게 계단은 최고의 놀이터이자 더없이 창의적인 공간. 우리 가족에게는 매일 소중한 추억이 차곡차곡 쌓이는 곳.

성가시지만 매혹적인 계단

종종 집을 찾은 손님들이 실내에 있는 계단을 보며 부럽다는 이야기를 건넨다. 평면적인 공간에 익숙한 사람들에게는 아무래도 계단 위에 또 다른 공간이 펼쳐진다는 게 색달라 보이는 것 같다. 물론 좋은 점이 더 많지만 살다 보니 분명 불편한 부분이 있다. 부모님들은 계단 앞에서 굉장히 힘들어하신다. 나이가 들면 계단이 있는 주택보다는 엘리베이터로 편하게 오르내릴 수 있는 아파트가 나을 것 같기도 하다.

한편 아이에게 계단은 최고의 놀이터다. 아이는 신기하게도 의자보다 계단에 앉는 걸 좋아한다. 자신의 몸집에 딱 맞는 크기여서 그럴까. 계단에 앉은 아이를 볼 때면 그렇게 예쁠 수가 없다.

아이에게 계단은 더없이 창의적인 공간이다. 계단을 오르락내리락하며 아이는 커간다. 계단 덕에 집 전체가 커다란 놀이터가 되었다. 한창 다리에 힘이 생겨나려고 할 때는 계단을 잡고 서서 버티기를 자주 했다. 높이가 아이에게 적당해서 잡고 일어나는 연습을 하기에는 안성맞춤이었다. 그 덕인지 또래에 비해 발육도 빠르다.

우리는 아이가 계단에서 안전하게 내려올 수 있도록 뒤돌아 다리를 먼저 내리는 방법을 알려주었다. 아이는 금세 방법을 습득했다. 몇 번 뒤돌아 내려오는 연습을 하더니 그다음부터는 계단을 한 칸씩 내려오는 것쯤은 아무것도 아닌 일이 되어버렸다. 그러다 점점 걸을 수 있게 되자 아이가 오만해졌다. "이제 나도 걸을 수 있다고요!" 항변이라도 하듯 뒤돌아 다리부터 내리지 않고 엄마 아빠처럼 앞으로 내려오려고 하는 것이었다. 아무리 다리에 힘이 생겼어도 아이의 짧은 다리에 비해 계단의 단차가 만만치 않았다. 당연히 앞으로 확 고꾸라지고 말았다. 밑바닥에 푹신한 이불을 미리 깔아두었기 때문에 다행히 아이는 다치지 않았지만 많이 놀랐는지 울음을 터뜨렸다.

한 번 넘어졌으니 다음부터는 조심스럽게 뒤돌아 내려올 것이라고 생각했지만 아이의 도전정신은 대단했다. 몇 번을 넘어지면서도 계속 앞으로 내려오려는 것이었다. 아직은 뒤돌아 내려와야 안전하다고 찬찬히 이야기해주고 다시 연습시켰다. 이런 놀이와 연습을 반복하기에 계단은 정말 좋은 장소였다. 좀 더 크면서 아이는 계단을 내려가는 데 도사가 되었다. 예닐곱 계단에 배를 바짝 대고 손을 앞으로 쭉 뻗어 그대로 쭉 미끄러져 내려왔다. 어떨 땐 우리보다 더 빠르게 내려간다.

아빠에게 너무나 큰 기쁨을 선사한 것도 바로 이 계단에서였다. 아직 아기가 걷지 못할 때의 일이다. 일을 하다가 잠시 1층에 내려와 있는데 아이가 계단을 올라가려고 하는 것이었다. 아직 혼자 오르는 것은 쉽지 않을 때였다. 보통 한두 계단 오르고 나면 바로 안아 올려주곤 했는데, 그때는 1층에서 2층까지 계단을 절반쯤 오르더니 꺾어지는 곳에서 손을 뿌리치고 갑자기 혼자 힘으로 올라가겠다는 의사 표시를 했다. 어찌 하는지 지켜보자는 생각에 손을 살짝 놓았다. 쉽지 않아 보였지만 끝내 끙끙거리면서 2층까지 혼자의 힘으로 올라갔다. 거기서 내친 김에 다락으로 가는 계단도 정복하기에 이르렀다. 다락까지 다 오르더니 그제야 아이는 뿌듯한 표정으로 안아달라고 다가왔다. 이마에는 땀이 흠뻑 젖어 있었다. 아이를 안고 내려와 1층에서 물을 먹이고 대견한 마음에 한참을 토닥여주었다. 아직 걷지도 못하는 아이가 아빠에게 가슴 벅찬 추억을 만들어준 것이다. 계단이 없었다면 이런 추억을 쌓을 수 있었을까.

아빠의 작업실

2층에서 복도를 따라 작업실로 들어서면 완전히 독립적인 공간이 펼쳐진다. 심혈을 기울인 공간, 작업실이다. 작업실은 다른 곳에 비해 층고를 올렸다. 천장과 창의력의 상관관계에 대해 실험한 바에 따르면 천장이 30센티미터씩 높아질 때마다 창의력이 두 배씩 커진다고 한다. 단지 확 트인 기분 때문만은 아니라는 뜻이다.

높이 솟은 작업실 벽면마다 책이 가득하다. 나무로 책장을 짜 넣은 까닭에 은은한 나무 냄새가 코를 찌른다. 마치 숲 한가운데 있는 듯하다. 책상 앞쪽 창문으로는 출판단지가 한눈에 보이고 뒤쪽 창문으로는 마당 잔디가 보인다. 이런 작업실에서 오롯이 집필할 수 있다는 점에 더없이 감사할 따름이다.

가장 큰 장점은 복도를 사이에 두고 아내와 아이를 바로 볼 수 있다는 것이다. 특히 아이가 한창 재롱을 부릴 때라 힘들고 지칠 때면 언제라도 달려갈 수 있어 정말 좋다. 생각이 꽉 막혀 있을 때, 혹은 한참 일을 하다 잠깐 쉴 때 얼른 가서 아이를 본다. 아이가 낮잠이라도 자고 있으면 그렇게 섭섭할 수가 없다. 한창 기분 좋게 놀고 있는 아이를 보는 순간 1초 만에 모든 스트레스가 날아가기도 한다.

잠시 잠깐 놀아주고 다시 작업실로 돌아가야 하므로 아이가 뭘 하고 있든 덥석 안고 뽀뽀부터 할 때가 있다. 그러면 아이는 귀찮아하며 울음을 터뜨린다. 그 모습도 더없이 사랑스럽다. 어쩌면 아이는 우는 것도 저렇게 예쁠까. 아내는 그럴 때마다 나를 나무란다. 잘 놀고 있는 아이를 도대체 왜 울리는 거냐며. 나는 짧은 시간에 아이와 어떻게든 교감을 하고 싶어 견딜 수 없었던 것이다.

간혹 아내와 아이가 작업실에 놀러 오기도 한다. 그때는 언제든 일을 멈추고 아이와 시간을 보낸다. 아이는 작업실을 정말 좋아한다. 장난감 하나 없지만 가지고 놀 것은 많다. 책상 위에 늘어져 있는 볼펜들을 하나하나 잡아보고, 책꽂이에 잘 꽂혀 있는 책들을 다 빼서 떨어뜨리고는 그것들을 다시 쌓는다. 아이가 손가락으로 책을 가리키면 제목들을 일일이 알려주기도 한다. 때로 책을 꺼내 읽어줄 때가 있는데 아이는 잠깐 관심을 가지는 척하다가 이내 고개를 돌리고 딴짓을 한다. 노트북은 아이에게 최고로 재미있는 장난감이다. 키보드 누르는 데 재미가 들려서 마구 눌러댄다. 누르는 대로 화면에 뜨는 것을 보며 얼마나 신나 하는지 모른다.

모든 것이 완벽한데 단 하나 단점이 있다. 겨울에는 작업실이 조금 춥다는 것이다. 층고가 높고 본채와 떨어져 있기 때문에 어쩔 수 없는 일이다. 따로 난방을 하면 따뜻함이 오래간다. 두 시간 반 정도 난방을 하면 실내 온도가 23도까지 오른다. 한번은 작업실에 갔다가 굉장히 흐뭇했던 적이 있었다. 밤새 보일러를 돌리지 않았는데도 전날의 훈훈함이 남아 온도가 21도였던 것이다. 기본적으로 작업실을 지을 때 단열을 잘한 덕분일 것이다.

지난겨울에는 작업실 보일러가 얼어 터지기도 했다. 추울 때는 동파를 방지하기 위해서라도 난방을 했어야 하는데, 학교 짓기 프로젝트로 장기간 외국에 나간 사이 꺼둔 보일러가 결국 얼어붙었던 것이다. 당분간 작업실을 쓸 수가 없어 급한 대로 짐을 싸서 다락으로 갔다. 가서 일을 해보니 다락은 다락 나름의 매력이 있었다. 무엇보다 종일 따뜻한 기운이 가시지 않았다. 층고가 낮아 아늑한 느낌이 들다 보니 자꾸 바닥에 눕고 싶은 생각이 드는 단점이 있지만 그만하면 '겨울 작업실'로서는 손색이 없었다.

최고의 공간은 다락

다락은 정말 천국 같은 공간이다. 우리 집에서 가장 넓은 곳이 다락이다. 거실보다 다락이 더 넓다. 거실 전체와 주방 절반을 합한 면적이 다락이 되었기 때문이다. 흔히들 다락이라고 표현하면 굉장히 협소한 공간을 상상하는데 실제 와서 보면 입을 다물지 못한다. 천장이 낮으면 답답할까 봐 약간 더 높게 만들어서 확 트인 느낌을 연출했다. 원래 바닥 면적에 산입하지 않는 다락방의 층고는 제한 높이가 1.5미터인데 경사진 다락의 경우 1.8미터까지 허용된다. 온기가 나가지 않고 모여 있어 겨울에 따로 난방을 하지 않아도 훈훈한 기운이 돈다. 심지어 덥기까지 하다.

예상치 못한 문제가 생긴 적도 있다. 다락에 소파를 놓고 싶었는데 도저히 올릴 방도가 없었다. 창문이 있지만 너무 작아 가구가 드나들 수 있는 크기가 아니었다. 계단 역시 폭이 좁아 가구를 운반하는 것이 불가능했다. 소파를 꼭 들여야겠다면 조립식으로 사서 다락에서 직접 짜 맞춰야 한다.

다락은 지붕의 모양대로 만들어져 있어 벽 쪽은 낮고 가운데로 갈수록 높다. 가장자리는 천장이 낮고 창이 비스듬히 나 있어서 아늑한 느낌이다. 우리 부부는 머리가 닿아 똑바로 설 수 없지만 아이의 눈높이에는 딱 맞다. 맘껏 뛰놀 수 있는 최적의 아지트인

↑ 다락은 지붕의 모양대로 만들어져 있어 벽 쪽은 낮고 가운데로 갈수록 높다.
↓ 부부에게는 아늑한 작업실로, 아이에게는 맘껏 뛰놀 수 있는 최적의 아지트로 쓰이는 다락은 무한한 매력을 지닌 공간이다.

셈이다. 다락은 취향에 따라 다양하게 연출할 수 있다. 한쪽 벽에 스크린을 달고 빔을 쏘면 세상에서 가장 낭만적이고 포근한 영화관이 된다. 우리는 다락에 텔레비전을 두었다. 천장이 낮은 다락에서 텔레비전을 시청하는 기분은 그야말로 최고다.

한쪽 벽에는 책꽂이를 만들어놓았다. 나중에는 아이만의 도서관이 되지 않을까 싶다. 다락방에 웅크리고 앉아 아이가 책 속으로 빠져드는 상상을 해본다.

가끔 아이가 지루해할 때면 같이 다락에 올라간다. 다락으로 올라가는 좁은 계단, 낮은 천장이 아이에게는 또 다른 세계가 열리는 것처럼 무척이나 신기한 모양이다. 셋이 모여 도란도란 이야기도 나누고 어두워지면 창밖으로 하늘을 구경하기도 한다. 온 식구가 까만 하늘에 떠 있는 달과 별을 바라보고 있노라면 마치 동화 속 한 장면에 들어와 있는 생경한 기분마저 드는 것이다.

텔레비전을 멀리하다

거실에서 텔레비전을 없애는 집들이 많다는데 우리도 그렇다. 거실에는 책장만 두고 텔레비전은 다락으로 옮겼다. 이유는 단 하나, 너무 쉽게 리모컨을 누르고 싶지 않았기 때문이다.

타운하우스에 살 때는 텔레비전을 정말 많이 봤다. 남편이 강연 등의 외부 일정을 하러 나가면 혼자 외롭다는 생각에 나도 모르게 텔레비전부터 틀었다. 특히 나는 운동선수이자 방송인이기에 텔레비전을 보는 게 일종의 공부였다. 남편은 진위를 의심했지만 예능 프로그램도 단순히 재미로만 보는 건 아니었다.

겨울철에는 넓은 창문으로 바람이 숭숭 들어와 온 집이 추웠는데도 거실에서 텔레비전을 끼고 살다시피 했다. 큰 집을 모두 데우기에는 난방비가 부담스러워서 딱 안방과 작업실에만 보일러를 돌렸다. 그러다 보니 거실에만 나가도 추위에 온몸이 떨릴 지경이었다. 그런데도 두꺼운 점퍼를 입고 이불을 돌돌 말고는 기어코 거실에 나가 텔레비전을 보았다. 그러다 왠지 서글픈 생각이 들었다. 자고로 텔레비전을 볼 때는 가장 편안하고 따뜻한 상태여야 하는 법인데, 이가 덜덜 떨리는 가운데 예능 프로그램을 보고 있으려니 웃긴 장면이 나와도 속 시원히 웃음이 터지지 않았다.

급기야 텔레비전을 안방으로 옮겼다. 그제야 비로소 텔레비전의 진가가 펼쳐졌다. 텔레비전의 존재는 참 신기하고 기이하며 마법 같았다. 엄청 재미있는 것도 아닌데 보다 보면 절로 빠져들었다. 잠깐 봐야지 했는데 시간이 훅훅 지나갔다. 별로 재미있을 것 같지 않은 프로그램도 한참 정신을 팔고 봤다. 오랜 시간 보고 나면 왠지 시간을 도둑맞은 기분에 허탈해지기도 했다.

이제 그때처럼 추울 일이 없으니 텔레비전을 거실에 놓을 수도 있겠지만, 아무래도 틈만 나면 텔레비전을 켤 것 같았다. 아이 역시 벌써부터 텔레비전에 노출시키고 싶지 않았다. 최대한 늦게 접했으면 좋겠다는 생각이 컸다. 우리가 텔레비전을 보고 있으면 아이도 자연스럽게 거기에 눈이 갈 것이다. 그리고 당연히 현란하고 화려한 색감에 빠져들 것이다. 그래서 아예 텔레비전을 다락으로 올려버렸다. 옮기고 보니, 다락은 텔레비전을 보기에 최적의 공간이었다. 작은 창을 가리면 주변이 어두워서 화면에 집중할 수 있었다. 그냥 평범한 프로그램이라도 다락에서 보면 조금 특별한 기분이 들기도 했다.

텔레비전을 보려면 다락까지 올라가야 하니 확실히 보고 싶은 프로그램이 있을 때만 켜게 되었다. 덕분에 텔레비전에 휘둘린다는 느낌은 사라졌다. 원하는 시간에 리모컨을 들고 그 후에는 미련 없이 텔레비전을 껐다. 그럴 때면 묘한 쾌감마저 들었다.

공간 활용 200점짜리 집

우리 집의 마당은 획기적으로 넓다. 이웃집들을 둘러봐도 우리 집만큼 시원스레 마당이 펼쳐진 곳은 찾아보기 쉽지 않다. 본채와 작업실을 합치면 건물의 크기가 상당한데도 이 정도 마당이 있다는 건 공간을 100퍼센트 잘 활용한 덕이다. 우선은 작업실 밑을 주차장으로 배치했다. 예전에 살던 타운하우스가 넓은 땅 한가운데 건물을 배치해 마당이라고 부를 만한 공간이 거의 없었던 것에 비하면 그때보다 작은 땅인데도 마당은 훨씬 넓다.

마당에는 탁 트인 잔디밭이 있고 정원이 있다. 언제고 잠시 앉아 쉴 수 있는 벤치가 있어 마당에 나와 앉아 있으면 꼭 소풍을 온 것만 같은 기분이다. 데크를 천천히 거닐면서 바람에 흔들리는 잔디와 나무를 보고 있노라면 말할 수 없는 충만감이 밀려온다.

그런데 우리의 욕심이 과했던 곳이 있었다. 바로 텃밭. 마당을 꾸밀 때 현장 소장이 텃밭을 만드는 게 좋다고 해서 한쪽에 만들었는데 그다지 효용이 없었다. 두 평 정도면 충분했는데, 별채를 지으려고 남겨둔 공간을 전부 텃밭으로 만들어버렸더니 관리가 너무 힘들었다. 간단한 채소를 키워 먹고 꽃을 가꾸는 정도가 우리가 원한 텃밭이었는데, 거의 정색하고 농사를 지어야 할 정도의 크기가 되어버렸다. 한번은 고추를 심었는데, 우리는 고추가 그리

무성하게 열릴 줄은 꿈에도 생각지 못했다. 열심히 따서 주변에 나눠줄 만큼 나눠줬는데 또 고추가 열렸다. 나중에는 무서울 지경이었다. 결국 텃밭을 모두 없애고 제대로 된 정원을 꾸몄다.

마당이야말로 아이와 함께 살아가면서 수많은 추억을 쌓을 소중한 공간이다. 만약 마당이 작았더라도 그 나름대로 활용할 방법을 찾았을 것이다. 사실 아이에게 꼭 넓은 마당이 필요한 것은 아니다. 마당이 있다는 자체만으로도 큰 추억이기 때문이다. 뜨거운 여름이 오기 전까지는 아이와 함께 마당에서 돗자리를 펴놓은 채 시간을 보냈다. 그때는 너무 어렸기에 우리가 기대했던 반응을 보이지 않았다. 오히려 밖에 나와 앉아 있으니 불편한지 칭얼거리기 일쑤였다. 아이를 데리고 나올 때의 설레던 기분도 잠시, 이상과 현실은 확실히 다르다는 것을 깨닫고 얼른 집 안으로 들어가곤 했다. 아이는 집 안에서 더욱 신나게 기어 다니며 놀았다. 그럴 때마다 우리는 마주 보며 잠시 웃었다.

하지만 한 해 한 해 달라질 것이다. 아무리 불러도 마당에서 뒹구느라 집에 들어올 생각을 안 하는 그런 날이 머잖아 올 것이다. 겨울에는 눈사람을 만들어 마치 수호신인 것처럼 마당 한편에 놓아둘 것이고, 여름에는 커다란 튜브로 간이 수영장을 만들어 하루 종일 물놀이를 즐길 것이다. 한낮이면 마당 가득 친구들을 불러 즐거운 한때를 보낼 것이고 밤이면 온 가족이 모여 그날의 일을 두런두런 나눌 것이다.

집 여기저기를 뛰어다니며 사계절을 온전히 느끼는 아이. 마당에 나오면 꼭 소풍을 온 것만 같은 기분이 든다.

아파트의 편리한 점은 극심한 더위나 추위에 시달리지 않아도 된다는 것이다. 하지만 계절을 고스란히 견뎌내며 아이들은 건강해진다. 하루 종일 집에 있어도 발끝 하나 시리지 않은 겨울보다는 밖에서 눈을 만지고 노느라 나중에는 감각이 없어진 손마디가 아이들의 뇌리에 더 강하게 남는 법이다. 아파트에 살아도 물론 놀이터나 공원 같은 데서 놀 수는 있다. 그러나 문 하나만 열면 온전히 나만의 공간이 펼쳐지는 마당과는 차원이 다르다. 한창 움직임이 많은 나이에 혹여나 다칠까 제한적인 놀이를 해야만 하는 것이 아니라 분주하게 집 여기저기를 뛰어다니며 사계절을 온전히 느끼는 것이 아이에게는 더욱 좋을 것이다.

아파트에서 아이를 키울 때 가장 힘든 것이 바로 아이가 아무 생각 없이 뛸 때라고 한다. 아랫집에 예민한 사람이 살기라도 한다면 사는 내내 죄인처럼 지내야 하는 것이다. 만약 우리가 아이의 폴짝폴짝 뛰는 모습을 보며 기뻐하기는커녕 공포에 시달려야 한다면 몹시 고통스러웠을 것이다. 다행히 우리 아이는 이 집에서 사는 동안 "뛰지 말라."는 이야기를 들을 일이 없다. 층간 소음이라는 스트레스에서 자유로워졌다는 것만으로도 우리는 충분히 단독주택을 지은 보람을 느낀다. 집에만 있는 게 답답해지면 바로 현관을 열고 넓은 마당으로 뛰어나가면 된다. 흙발 그대로 집 안을 정신없이 휘젓고 다니며 마당에 있는 수많은 벌레들을 두 손에 곱게 안고 들어오는 그날이 어서 빨리 왔으면 좋겠다.

아파트가 고인 공간이라면 주택은 흐르는 공간이다. 시간과 바람을 온몸으로 고스란히 느낄 수 있는 살아 있는 공간이다. 집을 다 짓고 곳곳에 문제가 발생해 속이 상했을 때도 마당에 나와서 예쁘게 꾸며진 정원을 바라보고 있노라면 어느새 분한 마음은 가라앉고 그래도 집짓기를 잘했다는 생각이 온몸을 휘감았다. 마당과 정원에는 분명 치유의 기능이 있다.

데크에 앉아 별을 바라보다

직접 집을 짓고 사는 게 어떠냐는 질문을 종종 받는다. 그러면 우리는 주저하지 않고 정말 좋다고 말한다.

좋은 점이 한두 가지가 아니지만 그중에서도 계절과 날씨를 온전히 느낄 수 있다는 점이 제일 좋다. 며칠 전에는 안방 창문으로 하늘 끄트머리가 점점 검어지는 것이 보였다. 금세 비가 올 것만 같았다. 아니나 다를까, 금세 먹구름이 몰려오더니 비가 쏟아졌다. 한가롭게 빗소리를 듣는데 그 순간이 더없이 짜릿했다.

지난겨울에는 아이가 거실 창문을 통해 눈 내리는 장면을 신기한 듯 한참 쳐다보았다. 우리도 오랫동안 눈을 떼지 못했다. 마당에 소복소복 쌓이는 눈이 그리 예쁠 수가 없었다. 또 가끔 길고양이들이 거실 뒤쪽으로 찾아올 때가 있다. 그런 날은 아이가 횡재한 날이다. 고양이를 처음 본 날, 아이는 지나치게 흥분했고 고양이는 소스라치게 놀라 도망갔다. 창문에 바짝 붙어 소리를 지르며 방방 뛰던 아이의 모습이 얼마나 사랑스럽던지! 이내 고양이가 사라지자 아쉬워하던 얼굴조차 예뻐 보였다. 그다음부터 아이는 고양이가 도망치지 않도록 살금살금 걸어가 눈인사를 나눈다. 아파트에서라면 상상할 수도 없는 일상의 즐거움이다.

누군가 다시 집을 짓겠냐고 묻는다면 선뜻 답이 나오지 않을 것 같다. 공사 중간에 억울한 일이 계속 일어나 엄청난 스트레스를 받았기 때문이다. 아마 충분히 계획하고 공부하고 집을 지었다면 그 스트레스와 억울함이 반 이상 줄었을지도 모르겠다. 멋모르고 덥석 시작했기에 실수도, 뒤늦은 깨달음도 많았다. 그럼에도 집을 다 지은 지금은 정말 잘 해냈다는 생각이 든다. 우리 가족을 위한 집을 지었다는 것 자체가 우리에게 크나큰 용기를 줬다고나 할까. 이런 어마어마한 일도 해냈으니 앞으로 어떤 시련이 닥쳐와도 문제없을 것만 같다. 집도 지었는데 우리가 못할 게 뭐가 있겠냐는 심정이다.

이 집 어디에도 우리의 이야기가 깃들어 있지 않은 곳이 없다. 마당, 거실, 계단, 다락, 화장실 하나하나 모두 사연을 가지고 있다. 좋은 선택에는 기대 이상의 뿌듯함이, 실수한 부분에는 처절한 아픔이 생생하게 살아 있다. 대견한 선택에 대해, 바보 같은 판단에 대해 우리는 지금도 여전히 이야기를 나눈다. 매일매일 나누어도 마르지 않는다. 앞으로 10년이 흘러도 이만큼 서로를 더 잘 알 수 있을까 싶다. 집을 지으면서 이런 걸 남편이 과연 좋아할까, 저런 걸 아내가 싫어하지 않을까, 서로 배려하고 한 번 더 생각하게 되었다. 부부라는 연대감이 좀 더 확실해진 것이다.

단독주택은 손이 많이 간다. 틈날 때마다 집 안에 문제가 없는지 자주 돌아봐야 한다. 물론 귀찮을 때도 있지만 손볼 곳이 해결되면 그 뿌듯함은 이루 말할 수가 없다. 집에 꼭 필요한 존재가 된 느낌, 순간순간 살아 있는 느낌이랄까. 잔디를 깎는 일만 해도 그렇다. 타운하우스에 살 때는 전셋집이라 굳이 예쁘게 손질하고 싶다는 생각이 들지 않았다. 사비를 들이기에는 너무 아깝고, 그렇다고 그냥 두자니 주민들의 민원이 끊이지 않아 내키지 않는 심정으로 잔디를 깎곤 했었다. 하지만 이제 내 집 마당이라고 생각하니 마음가짐 자체가 다르다. 업체에 맡길 것도 없이 우리가 직접 모두 관리한다. 한번은 업체에 맡겼다가 다른 집의 잡초 씨앗들이 기계에 붙어왔는지, 순식간에 잔디가 클로버 천지로 변했던 적이 있다. 그 후로는 번거롭지만 우리가 계속 관리하기로 했다.

아파트에서는 집을 손볼 일이 거의 없다. 기껏해야 형광등을 가는 정도가 큰일이다. 무슨 일이 생기든 관리사무소에 연락하면 곧

단독주택에 살면 집에 꼭 필요한 존재가 된 것 같다. 순간순간 살아 있는 느낌이랄까.

잘 해결해주기 때문에 크게 신경 쓸 일이 없다. 하지만 단독주택은 모든 일을 집주인이 해내야 한다. 여자보다는 남자의 일이 많이 생기는 편이다. 무거운 공구를 들고 다니며 수리하거나 마당의 잔디를 깎는 일도 남자가 하는 편이 낫다. 집 안으로 해충이 들어오면 내쫓는 일도 남자의 몫이다. 단독주택에 살면 가정적인 남편이 될 수밖에 없다. 조금만 소홀히 해도 집이 엉망이 되는 건 시간문제이기 때문이다. 적당히 땀을 흘릴 만한 소소한 일들이 끊임없이 있다는 것이 긍정적인 동기를 부여해준다.

아파트가 이미 짜인 형태에 우리 몸을 맞춰야 하는 수동적 공간이라면 단독주택은 우리 몸에 잘 맞게 설계된 능동적 공간이다. 비로소 제대로 숨 쉴 수 있고 하루하루 살아 있는 기분을 만끽할 수 있는 곳이다. 신발을 신고 한 발자국만 걸어 나오면 눈앞까지 별이 마구 쏟아진다. 데크에 앉아 별을 바라보는 기쁨을 아는 사람이 몇이나 될까. 지난 집짓기의 고단함은 이 순간 모두 해소되어버린다. 왜 사서 이 고생을 하는 건지, 후회한 적도 많지만 그 하나하나가 결국 큰 의미로 다가온다. 우리는 좀 더 나은 가치를 위해 도전했고 한 단계 넘어설 수 있었다. 그것만으로 충분하다. 누군가 우리에게 집을 짓고 사는 즐거움에 대해 물어도 여기까지는 이야기하지 않는다. 이는 굉장히 사적인 만족감이며, 직접 느껴보지 않고는 쉽게 상상이 안 가는 부분이기 때문이다.

가장 만족스러운 부분은 아이와 함께 집도 같이 성장하고 있다는 것이다. 집이 나이 들수록 곳곳에 아이의 흔적이 새겨질 것이고 추억이 점점 자리할 것이다. 마당 한쪽에서 아이와 웃고 떠들고 생각하며 시간을 보낼 생각에 벌써부터 가슴이 벅차온다. 그것만으로도 우리의 집짓기는 성공적이다.

함께 걷는 즐거움

요즘 가장 행복한 시간은 남편의 손을 잡고 함께 산책하는 시간이다. 저녁을 먹고 나면 잠시 집 주변을 천천히 걷는다. 이곳은 산책하기에 정말 좋다. 좁은 길을 따라 걸으며 다른 단독주택들을 구경하는 것도 재미있고, 남편과 그날 있었던 일들을 나누는 것도 즐겁다.

결혼 전에도 남편은 산책을 자주 했다. 종일 앉아서 글을 쓰기 때문에 운동도 하고 생각도 정리할 겸 주변을 거닐기 좋아했다. 생각이 많을 때는 서너 시간씩 걸을 때도 있었다. 어찌 보면 굉장히 사적인 시간일 텐데 결혼 후에 나와 함께하자고 해주어서 정말 고마웠다.

남편은 새로운 것들, 신기한 것들, 이상한 것들에 관심이 많다. 뭔가를 물어보면 바로 답이 나온다. 마치 백과사전을 검색하는 느낌이다. 나누는 이야기는 무엇이든 흥미롭다. 간혹 지금 집필하고 있는 원고에 대해 독자로서 어떤지 묻기도 한다. 한번은 솔직하게 생각을 말했더니 일리가 있다며 수정한 적도 있었다. 그때 내 의견에 귀 기울여주고 존중해주는 모습에 큰 감동을 받았다.

요즘 우리의 화두는 뭐니 뭐니 해도 아이의 교육 문제다. 어떻게 키우는 것이 가장 아이를 위하는 것인지 수많은 가능성에 대해 이야기한다. 아이가 걷기 시작하면서 셋이 함께 산책하는 시간도 많아졌다. 하루에 한 번씩 나가지 않으면 몸살을 앓을 정도로 아이는 산책을 좋아한다. 시간이 되었다 싶으면 얼른 옷을 입혀달라고 하고, 신발을 신겠다고 하고, 문을 붙잡고 나가겠다고 한다. 밖에 나가는 순간 아이는 아주 신이 난다. 집 앞 공원에서 낙엽을 마구 밟기도 하고 공용 운동기구에서 정신없이 놀기도 한다. 지나가는 사람들도 유심히 살피고 강아지나 고양이라도 만나면 넋 놓고 구경한다. 노을이 지는 하늘 아래, 남편과 아이와 함께 천천히 걷는 이때가 나에게는 선물 같은 시간이다.

아내를, 남편을, 아이를 온전히 이해하다

연애하던 시절, 우리는 정말 많은 이야기를 나누었다. 과거에 어떤 삶을 살아왔고, 현재 어떤 생각을 하고 있고, 또 미래에는 어떤 꿈을 꾸고 있는지 끝도 없이 나누었다. 그 과정에서 우리는 서로를 깊이 이해할 수 있었고 더 사랑할 수 있었으며 결혼을 해도 좋겠다는 확신이 생겼다.

그렇게 이미 충분히 알고 결혼했다고 생각했는데, 우리만의 집을 짓는다는 거대한 프로젝트를 진행하다 보니 이전까지와는 비교도 안 될 만큼 또 다른 것들까지 알게 되었다. 가끔 싸운 적은 없냐는 질문을 받는데 우리는 단 한 번도 다투지 않았다. 간혹 의견이 맞지 않을 때가 있었지만 그때마다 연애 때처럼 수많은 대화로 풀어냈다. 화나는 부분이 생기면 집 짓는 현장에서 해결하고 감정적으로 서로를 공격하지 않았다. 이는 상당히 중요하다. 일이 잘 안 풀리면 마음은 아니라고 해도 상대에게 원망을 표출할 수 있기 때문이다. 예를 들면 이런 식이다.

"보일러실이 저런 데 있다니 정말 황당하지 않아?"

"그러게요. 처음 설계할 때부터 우리가 발견하고 지적했어야 해요."

"설마 그런 데다 설치할 줄은 몰랐지……."

아내를, 남편을, 아이를 더 깊이 이해하고 사랑하게 된 시간.

"다른 것도 이상한 게 많았잖아요."

"그냥 애초에 집을 짓지 말았어야 하나 봐."

"이제 와서 그런 말을 하면 뭐 해요. 이미 다 끝났는데."

무엇부터가 잘못인지 거슬러 올라가다 보면 절대 대화가 좋게 끝날 리 없다. 결국 상대방의 탓으로 미루고 실망만 하다 끝이 난다. 현장에서의 문제를 불필요하게 부부의 문제로 끌어들여서는 곤란하다. 집짓기에서 중요한 것은 무엇보다 부부가 끊임없이 소통하는 것이다. 자신의 생각을 스스럼없이 이야기하고 또 상대를 이해하면서 더 깊이 사랑하게 되는 것. 그것이 집짓기를 통해 우리가 얻은 가장 소중하고 귀한 결론이다.

아내를 이해하다

아내는 어린 시절부터 남들과는 다른 길을 갔던 사람이다. 열다섯 살의 나이에 자신의 길을 확고히 정했고 학교도 그만둔 채 연습에 몰두했다. 최고가 되기 위해 부모님과 떨어져 미국에 홀로 가서 살기도 했다. 그래서일까. 나보다 열세 살이 어리지만 절대 어린 느낌을 받은 적이 없다. 어떤 면에서는 오히려 조숙하다. 심지가 굳고 생각이 깊은 사람이다.

이제 아내에 대해 거의 다 알고 있다고 생각했는데, 집을 지으며 새롭게 발견한 것들이 있다. 바로 아내의 미적 감각이다. 하다못해 욕실 타일이나 조명을 고르는 안목도 남달랐다. 다 비슷비슷하게 보이는 것들 중에서도 아내는 지향하는 바가 확실했다. 시간이 촉박해도 열심히 공부하고 발품을 팔아 최대한 마음에 드는 것을 고르려고 노력했다. 실제 어떤 조명을 다느냐에 따라 집 안 분위기가 확연히 달라진다는 것은 아내를 통해 알게 되었다.

알고 보니 아내의 어릴 적 꿈이 화가였다고 한다. 아마 집을 짓지 않았다면 평생을 같이 살면서도 몰랐을 것이고 알았더라도 꽤 오랜 시간이 흐른 뒤였을 것이다.

남편을 이해하다

남편을 만난 건 SNS를 통해서였다. 남편의 책을 읽고 감명받아 팔로우를 하면서 인연이 이어졌다. 종교가 같았고 꿈이 같았기에 이야기가 잘 통했고 작가로서 존경할 만한 점이 많다는 것도 참 좋았다.

결혼하고 아이가 태어나기 전 집을 함께 지으면서 또다시 새롭게 발견한 것들이 있다. 남편은 궁금한 분야가 있으면 끝도 없이 파고 들어간다. 스치듯 한마디 한 것도 허투루 넘기지 않고 진위를 따진다. 시멘트로 지은 집이 몸에 좋지 않다는 정보를 듣고 관련 책을 찾아 탐독하는 것은 물론, 그 책을 쓴 지은이까지 만나는 것을 보고 적잖이 놀랐다.

가장 인상 깊었던 것은 감정적으로 휘둘리지 않는다는 점이다. 누군가 자신의 의견에 반박하면 곧바로 대응하지 않고 차분하게 다시 자료를 수집하고 연구해서 대처하는 것이 나로서는 정말 대단해 보였다.

나는 살면서 불이익이 생기더라도 터놓고 이야기하는 편이 못 되었다. 제대로 따지지도 못하는데 쿨하게 넘어가지도 못한다. 하지만 남편은 아닌 것은 아니라고 분명히 말하고 정당하게 자기 권리를 찾는 편이다. 이때 전혀 언성을 높이지 않고 차분히 요구하는 것을 보며 단순한 존경심을 넘어 인간적인 든든함을 느꼈다. 앞으로 어떠한 일이 일어나더라도 유연하고 현명하게 잘 처리해 줄 것이라는 남편에 대한 믿음이 생겼다.

아이를 이해하다

집을 짓기로 결정한 순간부터 우리 이야기의 중심은 아이였다. 어떤 땅을 살 것인지는 결국 어떻게 교육시킬 것인지와 밀접하게 연결되었기 때문이다. 아이는 태어나기 전부터 온전한 인격을 가진 존재로 우리 사이에 자리 잡았다. '앞으로 이 아이가 어떻게 자랄까?'가 아닌 '우리는 어떤 부모가 되어야 할까?'를 진지하게 고민하는 시간이었다.

더불어 우리 취향과 함께 아이의 입장에서 모든 것을 바라보게 되었다. 아이가 기어 다닐 때, 막 걷기 시작할 때, 친구들을 초대할 때, 생일잔치를 열 때 등 수많은 미래가 그려졌다. 집 안 어디든 아이의 이야기가 묻어나지 않을 곳이 없었다. 마당에 잔디를 깔면서, 거실을 넓게 배치하면서, 다락방을 설계하면서 아이는 우리의 상상 속에 하루에도 몇 번씩 등장했다. 그러고는 마당에서 흙장난을 하고, 거실을 맘껏 뛰어다니고, 다락방을 신나게 오르내렸다. 아이를 기다리며 우리 부부가 이런 이야기를 나누는 것 자체가 행복이었다. 머잖아 다가올 미래라는 사실 자체가 기쁨이었다.

마당, 거실, 계단, 다락, 화장실… 이 집 어디에도 우리의 추억이 깃들지 않은 곳이 없다. 매일매일 나누어도 마르지 않는 우리만의 이야기를 짓게 된 것에 감사하다.

TIP POINT

인문적 시선으로 집을 짓다

집, 공간, 일상 엿보기

각자에게 맞는 집이 있을 뿐 모두에게 완벽한 집은 없다. 우리는 어떤 집을 지을 수 있을까? 아이를 위해 친환경적이고 무해한 재료로 집짓기에 도전했다. 그 고민이 묻어 있는 공간을 소개한다.

#공사 현장

❶ 기초

목조주택에도 시멘트가 들어간다. 친환경 제품을 최소화해 사용했다.

❷ 터잡기

화학물질을 동반하는 레미콘을 쓰지 않고 손으로 직접 시멘트를 비볐다.

❸ 단열

나무 사이에 단열재를 채워 넣기 때문에 따뜻함이 오래간다.

❹ 목재

약 600 그루의 나무로 지어진 집은 그 자체로 하나의 숲이 되었다.

#내부 공간

❶ 바닥

목재로 마감한 실내와 데크. 맨발로 걸어도 기분이 좋아진다.

❷ 거실

우리 가족의 이야기가 꽃 피는 곳. 아이가 마음껏 뛰놀 수 있게 했다.

❸ 데크

낮에는 파란 하늘을, 밤에는 달과 별을 바라보며 잠시 쉬어가는 쉼터.

❹ 작업실

천장과 창의력의 상관관계를 고려해 층고를 높이고 목재로 책장을 올렸다.

Part 3

집을 짓기 전에 꼭 알아야 할 11가지

집을 지으면 누구나 상처를 받는다

누구나 자신만의 집을 짓고 싶다는 꿈이 있다. 언젠가는 자신이 꿈꾸던 집에서 살고 싶은 막연한 로망 같은 것 말이다.

그런데 현실은 어떨까. 큰 결심 끝에 집을 짓고 나면 크고 작은 상처를 많이 받는다. 그나마 오랫동안 공부하고 준비했다면 좀 나을 것이고 제대로 알지 못하고 시작했다면 전쟁터에서 돌아온 패잔병 같은 꼴이 될 것이다.

우리도 집을 짓기 전까지는 꿈이 많았다. 집을 짓기만 하면 모든 것이 해결될 줄 알았다. 매일매일 그림 같은 풍경 속에서 둘이 손잡고 앉아 한가로이 차를 마시고 따스한 햇빛이 내리쬐는 마당에서 아이와 즐겁게 뛰노는 상상을 하루에도 수십 번씩 했다. 그러나 현실은 달랐다. 공원에 벌레가 많다는 이야기를 들었을 때는 '아, 그럴 수 있겠구나.' 싶었지만 실제로 아이와 함께 집 앞 공원에 나갔다가 눈앞에 온갖 벌레들이 날아다니는 것을 보고는 다리에 힘이 풀릴 수밖에 없었다. 공원 앞에 있는 집들은 이틀에 한 번씩 소독을 한다고 한다. 다행히 우리 집까지 벌레가 들이닥치진 않는다. 그나마 극복할 수 있는 부분이다.

정작 우리의 가슴을 후벼 파는 것은 '우리는 왜 그런 바보 같은 선택을 했나.' 하는 자괴감이다. 집 어딘가 마음에 들지 않는 곳을 발견하면 '대체 무슨 생각으로 집을 이렇게 지었을까?' 하는 원망이 들 뿐이다.

큰돈을 들여 아파트를 샀는데 거실이 평형대에 비해 좁다면? 전망 또한 최악이라 앞 동이 훤히 들여다보인다면? 불만스럽기는 하지만 마음의 상처를 심각하게 받을 일은 아니다. 거실이 좁다는 것, 전망이 좋지 않다는 것을 감안하고도 다른 좋은 점이 있기에 그 아파트는 고가임에도 매매되었을 것이다. 마음을 가다듬고 단점보다는 장점을 떠올리면 어느 정도 분이 풀린다.

하지만 집을 지은 경우는 다르다. 하다못해 수도꼭지 모양부터 방 크기까지 전부 직접 선택한다. 조명, 타일, 수건걸이, 스위치 등 어느 것 하나 내 손을 거치지 않은 것이 없다. 살면서 불편하거나 마음에 안 드는 부분이 생기면 그때마다 '내가 왜 이런 선택을 했나.' 자책감이 들 수밖에 없다. '좀 더 심사숙고하고 잘 알아봤더라면 더 나은 결론이 나오지 않았을까?' 하는 후회마저 드는 것이다.

그뿐만 아니다. 건축가나 시공사가 제대로 처리하지 않은 부분 역시 볼 때마다 화가 치밀어 오른다. '혹시 그들이 의도적으로 나를 속인 건 아닐까?' 싶어 억울한 마음도 생긴다. 아파트라면 어떤 건축가가 디자인했는지 알 수가 없다. 이미 그럴싸하게 만들어진 상태에서 확인하기에 회의도 자괴도 없다. 게다가 나만의 문제가 아닌 아파트에 거주하는 모든 입주민이 겪는 문제이기에 고통을 나눌 수 있다. 하지만 자신만의 집을 지었다면 사정이 다르다.

그 누구도 완벽한 집을 지을 수는 없다. 그렇기에 집 짓는 과정에서 스스로를 북돋우는 것이 필요하다.

일의 처음부터 끝까지 모든 것이 생생하게 머릿속에 남는다. 건축가의 표정과 현장 소장의 등줄기에 흐르던 땀방울까지 전부 기억이 난다. 그때 서로 감정이 좀 상할지라도 꼼꼼하게 해달라고 몇 번 더 이야기했다면 일이 제대로 진행되지 않았을까, 현장 소장이 소개해준 곳 말고 다른 곳에서 문고리를 선택했다면 훨씬 다양한 선택지가 있지 않았을까, 모든 상황에 아쉬움이 남는다.

아파트는 언제든 마음만 먹으면 금세 이사를 갈 수 있다. '평생 이 집에서 살아야지.' 생각하는 사람은 많지 않다. 집값이 오르면 팔고 더 넓은 곳을 물색하기도 한다. 하지만 단독주택은 다르다. 평생 한 번 집을 짓는 사람이 대부분이며, 일단 집을 지으면 적어도 10년 이상 장기 거주한다. 그렇기에 잘못된 부분이 보이면 두고두고 신경이 쓰이는 것이다.

아무리 열심히 알아보고 집을 지어도 아쉬운 점은 늘 남는다. 하나부터 열까지 꼼꼼히 챙긴다고 해도 여전히 문제는 생긴다. 건축가도, 시공업자도 자신의 집을 짓고 나서는 후회를 한다. 그 누구도 완벽한 집을 지을 수는 없다. 그렇기에 집 짓는 과정에서 스스로를 북돋우는 것이 필요하다. 만족스러운 부분을 끊임없이 되새기고, 그래도 나쁘지 않았다고 다독이는 시간이 필요하다. 내 선택이 미흡했던 것도 맞지만 대부분은 어쩔 수 없는 것들이다. 작정하고 현장 소장이 마진을 남기려고 머리를 쓰면 당하는 수밖에 없다. 조용한 곳에서 지내고 싶어 한적한 데다 땅을 샀는데 옆

집에서 목청 좋은 개를 다섯 마리씩 키운다면 고통스럽지만 이 역시 내 책임은 아니다. 완벽한 마무리는 없다. 완벽해진다는 것은 불가능하다. 결국 마음을 다스리는 수밖에.

집을 짓고 나니 왠지 삶의 무거운 진실을 대면한 기분이다. 점점 지혜로워지고 너그러워진다고나 할까. 그걸로 위로가 된다면, 그것도 나쁘지 않다.

시간이 지날수록 예산이 점점 늘어난다

지금부터 하는 이야기는 건축주들이 공통적으로 하는 말과 집짓기에 관련해 언론에 보도된 내용을 중심으로 정리한 것이다. 집짓기를 시작할 때 경비를 딱 맞게 잡으면 절대 안 된다. 예상했던 비용보다 반드시 돈이 더 들어가기 때문이다. 다들 처음에는 예산에 맞춰 집을 잘 지을 수 있을 거라고 생각한다. 그러다 공사가 진행되면 상황이 다르게 흘러간다. 예산에 대해 솔직하게 이야기해주는 시공사는 찾아보기 어렵다고 보아야 한다. 건축가도 마찬가지다. 이유는 간단하다. 애초에 금액을 높게 불러버리면 건축주는 위축되어 집 짓는 것을 망설이게 된다. 일단은 적은 비용으로

예상치 못한 추가 비용 때문에 공사가 중단되기도 한다. 집짓기 전후로 계약, 건축, 시공, 인테리어 하나하나 꼼꼼하게 체크하는 것이 좋다.

도 집을 충분히 지을 수 있다고 말해야 하는 것이다.

그들이 제시하는 비용은 기본 중의 기본이다. 자동차로 비유하자면 대형 세단의 스펙을 구매하려는 건축주에게 중형차의 견적을 들이미는 꼴이랄까. 건축주는 생각보다 적은 돈으로 큰 차를 뽑을 수 있다는 말에 혹하고 만다. 그러나 본격적으로 공사에 들어가면서 본색이 드러나는데, 자재를 업그레이드하면 훨씬 좋다거나 시공비를 조금만 더 들이면 다른 느낌을 구현할 수 있다는 식으로 권유한다. 약속과 다르지 않냐고 항의하면 될 것 같지만 내 집의 공사를 시작한 단계에서 큰소리를 내기란 쉽지 않다. 말도 안 되는 저렴한 자재와 추가 비용이 들어가는 고급 자재를 비교해보면 마음이 흔들린다. 이왕 짓기로 한 집, 더 지출을 해서라도 좋은 자재를 쓰고 싶은 게 사람 마음이다.

예상치 못한 부분에서 비용이 발생했다며 추가 비용을 청구하는 경우도 있다. 처음부터 동의하고 시작한 게 아니니 지급하지 않겠다고 버틸 수 있을까? 이미 공사가 모두 끝난 상황에서? 일례로, 우리는 집이 다 지어진 후 견적에 차고 문이 포함되어 있지 않다는 황당한 이야기를 들었다. 비바람을 피하기 위해 차고에 차를 두는 것인데 문이 없다면 무슨 소용인가. 주변을 둘러봐도 차고에 문이 없는 집은 없었다. 결국 270만 원을 들여 차고문을 설치해야 했다.[3]

또 하나, 건축가는 설계비와 공사비에 대해서만 이야기한다. 세금도 만만치 않지만 아무도 말해주지 않는다. 그러니 예산이 빠듯한 상태에서 집짓기를 시작하면 건축주는 막판에 만신창이가 된다. 챙길 세금도 한두 항목이 아닌데 그사이에 추가 공사가 진행되어 잔금이 계속 늘어나고 있다고 생각해보라. 어디서 돈을 더 끌어와야 하나, 조바심에 가슴이 타들어간다.

일단 시공에 들어가고 선금을 받은 후에는 시공업체가 갑이 되고 건축주가 을이 되는 이상한 상황이 벌어진다. 건축주가 아무리 열심히 공부를 한다고 해도 전문가만큼 알 수는 없다. 만에 하나, 시공업체가 중간에 트집을 잡아 현장에서 손을 놓아버리면 그 손해는 고스란히 건축주의 몫이다. 잔금이 남았으니 내 마음대로 할 수 있을 것 같지만 절대 그렇지 않다.

이런 경우가 있었다. 지인은 6개월이면 완공되는 일정이었는데 1년 6개월째 집을 짓고 있다고 했다. 시공업체는 추가로 공사비가 든다고 하고 집주인은 괘씸한 생각에 더 줄 수 없다며 버티다가 공사가 결국 중단돼버렸단다. 갑자기 다른 업체를 구할 수 없었던 그는 울며 겨자 먹기로 추가 비용을 지불하고 다시 공사에 착수했지만 또다시 금액을 더 요구하는 과정이 지속되는 어이없는 상황이 반복 중이라는 것이다. 추가 내역도 황당했다. 현관문은 옵션에 해당하니 돈을 더 내야 달아줄 수 있다나. 이런 요구들로 추가된 금액만 2억 원에 달한다고 했다.

우여곡절 끝에 이 모든 과정을 거치고 드디어 내 집이 다 지어졌다면 어떨까. '드디어 돈 들어갈 일이 끝났다.'고 생각하겠지만 이 역시 오산이다. 지앤건설 김성한 대표가 늘 버릇처럼 하는 무시무시한 말이 있다.

"집은 다 짓고 나서부터가 시작입니다."

완벽하게 집을 짓기란 사실상 불가능하므로 비용이 조금씩 든다. 짧게는 2~3년, 길게는 5~6년 안에 소소한 문제들이 발생한다. 업체에서 인증하는 기간에 하자가 생긴다면 무료로 서비스를 받을 수 있겠으나 보통은 그렇지 않다. 게다가 제대로 보수를 해주는 양심적인 시공업자도 찾아보기 쉽지 않은 것이 현실이다.

하자 문제는 비단 단독주택만의 이야기는 아니다. 아파트도 정기적으로 보수 관리를 한다. 다만 일일이 신경 쓰지 않아도 관리사무소에서 주기적인 점검을 하고 공동으로 비용을 부담하니 편리하다. 단독주택은 이 모든 것을 건축주가 확인하고 비용을 부담해야 한다. 우리 집 역시 방수, 조경 등 추가적인 공사를 계속했다. 이상한 곳에 가 있던 보일러실도 재정비했다. 당장은 문제가 없을지 몰라도 그대로 방치할 경우 차차 문제가 발생할 수 있기에 조마조마하게 사느니 아예 돈을 들여 미리 고치는 편을 택한 것이다.

어떤 건축가들은 아이들이 어릴 때 집을 지어야 한다고 주장한다. 이 말은 전적으로 옳다. 단독주택은 어린아이가 있을수록 좋다. 우리는 여기에 한 가지 조건이 더 필요하다고 말하고 싶다. 집은 금전적으로 여유가 있을 때 지어야 한다. 아파트의 경우 매매가가 정해져 있고 거기에 맞춰 대출을 받을 수 있기 때문에 복잡할 것이 없다. 하지만 단독주택은 5억 원짜리를 지을 계획을 세운다고 해서 딱 5억 원에 집이 지어지리라는 보장이 없다. 건축가가 최선을 다해 예산을 아껴 써서 예상보다 적은 비용으로 집을 짓고 그 잔금을 건축주에게 돌려줬다는 훈훈한 이야기를 혹시 들어본 적이 있는가. 없을 것이다. 건축가가 제시한 예산보다 좀 더 여유 있게 자금을 마련해둬야 만일의 사태에 공사가 중단되는 최악의 상황을 막을 수 있다.

제일 좋은 것은 계약을 할 때 꼼꼼하게 세부 사항을 기록하는 것이다. 뭐 그런 것까지 적냐고 하더라도 꼼꼼하게 체크하는 것이 좋다. 추가 비용이 들어갈 경우에는 반드시 건축주와 협의하고, 미리 고지하지 않은 시공비에 대해서는 책임지지 않는다는 등의 조항을 기입하는 것도 필요하다. 이렇게 써놓아도 분명히 비용이 추가된다. 하지만 얼토당토않게 큰 금액이 추가되거나 영문도 모르게 출혈하는 상황은 면할 수 있다. 계약서와 세부 항목은 내용이 워낙 방대하므로 반드시 오랜 시간을 두고 하나하나 꼼꼼하게 따져보아야 한다. 자신이 없다면 관련 전문가에게 도움을 받는 것도 한 가지 방법이다.

아울러 최대한 좋은 자재를 쓰겠다는 압박감에서 벗어나는 것이 좋다. 자금이 여유롭다면 집 전체를 최고로 시공해도 좋지만 대부분은 공사가 진행될수록 빠듯한 예산 때문에 곤란을 겪는다. 우리의 경우도 그랬다. 그럴 때는 눈에 잘 띄는 곳이나 기능적으로 중요한 곳부터 예산을 배정하는 식으로 머리를 썼다. 굳이 다용도실까지 최고급 자재를 쓸 이유는 없다. '다음은 없다.'는 생각으로 욕심을 부리다 보면 건축비는 끝도 없이 올라간다. 적절한 선에서 타협하는 지혜가 필요하다.

'우리 집이 최고'라는 건축주의 말을 다 믿지 마라

서점에 가면 집짓기에 관한 책들이 꽤 나와 있다. 집 짓는 과정을 꾸준히 연재하는 블로그도 많다. 하나같이 집을 짓는 일이 하나의 꿈을 이루어가는 과정인 것처럼 묘사한다. 현장에서 문제가 빚어지기도 하고, 건축가나 시공사 사이에서 갈등을 겪기도 하지만 결론적으로는 매우 만족스러운 집이 탄생했다고 끝맺는다. 그런 글들을 많이 읽었던 탓에 우리는 다들 집을 짓고 나면 마음에 들어 하는 줄 알았다. 막상 집을 짓고 나서는 모두 진실이 아니라는 것을 깨달았지만.

최근 주택을 산 지인이 완전히 속았다고 이야기하는 것을 들었다. 완전한 초짜가 난생처음 지어본 집 같다는 것이다. 리모델링을 하려고 얼마 전에 집을 뜯었는데 엄청 문제가 많더라고 했다. 모델하우스처럼 잘 만든 것 같지만 비가 새는 건 물론 태풍이 불면 지붕이 날아갈 지경이라고 했다. 곳곳에 곰팡이가 슬어 결로가 없는 날이 없단다. 대체 건축주는 무슨 생각으로 이런 집을 지은 걸까. 화가 나서 알아보니 건축주 역시 건축가에게 속았다고 했다. 집이 엉망으로 지어졌다면 문제를 제기하고 어떻게든 해결할 방법을 찾아봐야 하는데, 아무 말도 않고 숨겼다가 다른 사람에게 그냥 집을 팔아버린 것이다. 자신이 속은 걸 만회라도 하듯 또 다른 사람을 속인 것이다. 속은 사람이 또 속이는 행태는 분명 잘못되었다. 정작 문제를 일으킨 건축가는 아무런 피해도 보지 않고 어디선가 그런 집을 또 짓고 있을 테니 말이다.

사실 '우리 집이 잘못 지어졌다.'는 이야기를 꺼내기란 쉽지 않다. 심지어 '최고로 잘 지었다.'는 맘에도 없는 말을 한다. 주변에서 의문을 제기하면 급격히 얼굴이 어두워진다. 장점이 여섯 개이고 단점이 네 개라면 그 단점들은 없는 척하고 오로지 장점만을 목청 높여 이야기한다. 하지만 건축주가 단점에 대해 제대로 모를 리가 없다. 집을 지으면 장점보다 단점이 더 잘 보이기 때문이다. 그런데도 집값에 영향을 받을지 모른다는 생각에 숨기기 급급하다. 괜히 말을 꺼내봤자 더 속상해지니 애써 잊고 싶기도 하다.

하지만 나쁜 건 나쁘다고 말해야 한다. 건축가나 시공사에게 불

합리하게 당한 부분이 있다면 구체적으로 그 내용을 주변 사람들에게 이야기해야 한다. 그래야 또 다른 사람이 아무것도 모른 채 피해를 떠안는 것을 막을 수 있다.

일반적으로 처음 집을 짓는 사람들은 모든 것을 건축가나 시공사 대표가 알아서 해줄 것이라고 생각한다. 혹은 시공 과정에서 현장 소장이 잘못된 부분을 지적하고 제대로 시정해줄 것이라고 생각한다. 물론 기본적인 것들은 알아서 해준다. 그러나 그 사람들이 모든 것을 다 완벽하게 해줄 것이라는 기대는 버려야 한다. 우리 집처럼 보일러가 이상한 위치에 설치되는 어처구니없는 일도 생길 수 있다. 가게에서 물건을 산다면 간단하게 교환이나 환불을 요구하면 된다. 하지만 이미 지어진 집은 되돌릴 수가 없다. 다 짓고 난 후에 이런 하자들이 있으니 없던 일로 하자고 말할 수가 없는 것이다. 매일 눈뜨면 마주하는 집이라 외면할 수도 없다. 잘못된 부분은 고치면 된다고 하지만 애초에 말끔하게 지은 집과 같을 리 없다. 그마저도 제대로 시정되지 않아 지난한 보수의 과정을 거쳐야 한다.

또 하나, 집을 지을 때 어느 하나에 치중하면 다른 점이 나빠질 수 있다. 예를 들어 에너지 효율을 높인 패시브 하우스를 지었는데, 에너지가 새는 것을 막다 보니 환기가 잘되지 않는 치명적인 단점이 생겼다면 어떨까. 전기 요금을 획기적으로 절약할 수 있으니 마냥 '좋은 집'이라고 말할 수 있을까. 차라리 매달 요금은 좀

건축주들의 솔직한 후기를 통해 건축 문화가 더 발전하고 양심 있는 건축가들이 늘어나기를 바란다.

들더라도 때에 따라 환기가 수월한 집이 훨씬 나을지 모른다. 그런데도 건축가들이 대외적으로 '에너지 효율이 높은 좋은 집'이라고 말하고 다니는 것은 문제가 있다. '에너지 효율은 높지만 환기가 다소 힘든 단점이 있는 집'이라고 말해야 사람들이 오해하지 않고 제대로 선택할 수 있다.

세상에 완벽한 집은 없다. 아무리 잘 지은 집이라도 아쉬운 부분이 남는다. 다만, 집값을 지키겠다고 잘못된 부분을 입 닫고 있으면 결국 우리 모두가 손해를 볼 수밖에 없다. 집을 짓고 나면 건축가나 시공업체에 대한 후기들을 솔직하게 털어놓았으면 좋겠다. 물론 속도 쓰리고 억울한 생각도 들겠지만, 그래야 건축 문화가 조금 더 발전하고 양심 있는 건축가들이 늘어나지 않을까. 모두가 계속 감추고 산다면 건축가나 시공업자들이 반성할 기회가 없다. 그들은 여전히 자신들이 지은 집이 최고라고 광고하며 다닐 것이다. 우리가 이 책을 쓴 이유이기도 하다.

매스컴에 많이 노출된 건축가에게 맡기지 마라

건축주 대부분은 집을 처음 짓는 사람들이다. 개중에는 한두 번 집을 지어본 사람도 있겠지만 아주 소수에 지나지 않는다. 결국 굳은 결심을 하고 집을 짓겠다고 마음먹은 사람들은 정말 '초짜'인 셈이다.

집을 짓는다는 건 생각보다 엄청난 프로젝트다. 한번 짓기 시작하면 환불이나 교환이 불가능한 작업이다. 게다가 처음 시도하는 일이라 두려움이 따른다. 그렇다 보니 정말 좋은 건축가에게 내 집을 맡기고 싶은데 누가 잘하는지 알기가 쉽지 않다.

안전하게 매스컴에 자주 나오는 건축가를 찾아간다. 일단 알려졌으니 적어도 실력은 좋으리라는 기대를 갖고 말이다. 이름값 덕분에 설계비가 비싸다. 어차피 결정한 것, 설령 비용이 좀 들더라도 괜찮은 설계를 받고 싶은 건축주의 마음을 교묘히 이용한다.

여기서 보통 착각하는 것이 있다. 바로 건축가들이 집을 모두 지어준다고 생각하는 것이다. 그러나 건축가는 설계하는 사람일 뿐, 실제로 집을 짓는 쪽은 시공사다. 즉 건축가는 설계도를 그려주고 시공사가 그 설계도에 맞춰 집을 짓는다. 물론 건축가의 역할이 설계 단계에서 그냥 끝나는 것은 아니다. 건축가는 자신의 설계가 제대로 구현되고 있는지 현장에 가서 확인하고 시공사와 의견을 조율하기도 한다. 현장에서 상황이 바뀌면 설계를 수정하는 것도 건축가의 임무다.

그런데 유명한 건축가들은 이 일을 제대로 해줄 수가 없다. 왜? 너무 바쁘기 때문이다. 매스컴을 많이 타는 건축가들은 현장에 나올 틈이 없다. 한두 번 얼굴을 비추거나 아예 한 번도 안 가보는 경우도 있다. 그렇다면 설계는 그나마 꼼꼼하게 잘했을까. 그 역시 알 수 없다. 유명하고 유능한 건축가라도 한 집을 설계하는 데는 일정한 시간이 걸린다. 건축주가 무엇을 원하는지 파악하고 그에 따라 설계해야 하는데, 너무 바쁜 건축가는 건축주의 스타일을 정확히 확인할 시간이 없다. 결국 비싼 값을 치렀어도 건축가가 그 가격만큼 성의를 다했는지는 의문이다.[4]

좋은 건축가란 어떤 사람일까. 좋은 건축가는 건축주의 이야기에 충실하게 귀를 기울여주는 사람이다. 건축주가 어떤 취향을 가지고 있는지, 또 원하는 것이 무엇인지 잘 듣고 그것을 최대한 구현해줄 수 있는 사람, 마음에 들지 않으면 몇 번이라도 설계를 고쳐가며 가장 완벽한 방법을 찾기 위해 고민하는 사람이 최고의 건축가다. 건축주가 집에 대해 불필요한 로망을 가지고 있다면 한번 해보자고 부추기는 것이 아니라 적절히 말려줄 수 있는 건축가가 좋다. 한번 상담을 했다고 해서 꼭 그 건축가에게 설계를 의뢰할 필요는 없다. 조급함을 버리고 여러 명의 건축가를 만나라.

우리가 또 집을 짓는다면 그땐 정말 좋은 건축가를 찾을 수 있을까. 실패로부터 완벽하게 배워서 다시는 같은 실수를 반복하지 않을 수 있을까. 여전히 쉽지 않을 것이다. 건축가도 다른 건축가를 비판하고, 시공사도 건축가에 대해 좋은 이야기를 하지 않는다. 건축가들은 하나같이 '다른 사람은 다 사기꾼이니 나에게 맡기라.'고 말한다. 이런 혼돈의 세계에서 옳은 선택을 하기란 정말 쉽지 않아 보인다.

건축가보다 현장 소장과의 소통이 더 중요할 때가 있다

건축가가 그림을 그리는 사람이라면 현장 소장은 실제 집을 짓는 사람이다. 그렇기에 좋은 건축가를 만나는 것만큼 좋은 현장 소장을 만나는 일도 굉장히 중요하다. 아무리 좋은 설계라도 제대로 구현되지 않으면 하자투성이 집이 되기 때문이다. 또 건축가의 설계가 언제나 완벽하지는 않다. 때로 치명적인 결함이 있을 수 있다. 그럴 때 현장에서 설계상의 오류를 잡아내고 문제를 제기해 주는 사람이 꼭 필요하다.

우리 집은 현장 소장이 현장에 투입된 순간부터 지속적으로 설계의 문제점을 지적했다.[5] 당시 우리는 이현욱 소장을 신뢰했기

건축가의 설계가 언제나 완벽하지는 않다. 현장에는 설계상의 오류를 바로잡아줄 사람이 반드시 필요하다.

에 현장 소장이 지나치게 불평하는 것이라고만 생각했다. 그런데 단순히 그런 차원이 아니었다. 도면을 조목조목 짚어가며 문제 있는 부분을 설명해주는데 그의 말이 일리가 있었다. 이런 일들이 몇 차례 반복되면서 우리는 현장 소장을 깊이 신뢰하게 되었다.

현장 소장의 조언에 따라 처음 설계에서 몇 가지가 바뀐 부분이 있다. 원래 우리 집의 색깔은 설계 당시 황토색이었다. 이현욱 소장이 독특하다며 그 색을 추천했고 우리 부부는 별다른 이의를 달지 않았다. 그런데 현장 소장이 아무래도 그 색깔은 이상할 것 같다고 말했다. 그냥 봐서는 모르겠지만 완공 후에 칠해놓고 보면 예쁘지도 않을뿐더러 주변과도 어울리지 않을 것이라고 했다. 그림으로 봤을 때와 실제 땅 위에 집을 지었을 때의 느낌이 다를 수 밖에 없다며 그 점을 지적해준 것이다. 결국 그의 말에 따라 지금의 밀크색으로 바꾸었다. 다행히 우리 집에 딱 맞는 느낌이다. 애초에 설계대로 칠했다면 지금 같은 예쁜 느낌이 제대로 살지 않았을 것 같다.

현관문 색상도 검은색으로 바꾸었는데 역시 좋은 선택이었다. 부엌도 설계대로 시공했더라면 사용하기 불편한 주방이 되었을 텐데 도면을 바꾼 것이 다행스러운 일이었다.

여러 모로 현장 소장은 경험 많은 사람이 좋다. 설계도를 보고 머릿속으로 입체적인 구조체를 상상할 수 있는 현장 소장이라야 문제점을 살펴봐줄 수 있다. 현장의 시공 과정을 성의 있게 건축주에게 설명해줄 수 있는 사람, 또 정확한 판단력을 갖추고 있는 사람이라야 시공 전에 문제될 법한 것들을 미리 차단할 수 있는 것이다.

건축주 입장에서는 시공 기간 내내 현장 소장을 믿고 의지할 수밖에 없다. 건축주가 아무리 공부를 많이 한다고 해도 현장 소장보다 상황을 잘 알 수는 없다. 그러므로 건축주는 현장 소장과 좋은 관계를 유지하기 위해 노력해야 한다. 괜히 관계가 틀어지면 결국 손해는 건축주가 보기 때문이다. 하지만 금전이 걸려 있는 문제라 내내 좋은 관계를 유지하는 것은 생각보다 쉽지 않다. 공사를 어떻게 하느냐에 따라 현장 소장은 얼마큼의 이익이 더 날 수도, 나지 않을 수도 있다.

현장 소장은 자신의 마진을 자재에 녹인다. 그래서 자신이 소개해준 업체에서 자재를 구입하기를 원한다. 제일 좋은 자재를 추천하기보다는 마진이 가장 많이 남을 자재를 권하는 것이다. 그렇다 보니 어떤 제품을 선택하는 것이 좋은지 솔직하게 이야기하지 않는다. 그저 마진이 남는 재료를 좋다고 끊임없이 이야기하는 것이다. 자재에 대해 빠삭한 사람이라면 모를까, 대부분의 건축주들은 현장 소장의 솔깃한 제안에 넘어갈 수밖에 없다. 건축주가 자재에 대해 전혀 아는 바가 없다면 고스란히 덤터기를 쓰는 것이다. 그러니 현장 소장이 알아서 모든 것을 해주리라고 철석같이 믿어서는 곤란하다. 어떤 자재로 시공을 하는지 재차 묻고 현장을 자주

방문해야 한다. 건축주가 적극적으로 관심을 갖느냐 아니냐에 따라 결과는 분명 차이가 나기 때문이다.

방을 도배할 때의 일이다. 목조주택의 경우 종이 벽지로 도배해야 하는데, 벽지에는 소폭 벽지와 광폭 벽지가 있다. 소폭 벽지는 넓이가 53센티미터, 광폭 벽지는 93센티미터인데 그중 광폭이 더 비싸고 시공이 까다롭다. 대신 폭이 넓은 만큼 이음새가 적어 깔끔하다는 장점이 있다. 우리는 당연히 광폭으로 해줄 것이라고 생각했지만 왠지 불안한 마음에 김종흠 소장에게 확인했다.

"벽지는 광폭으로 하는 게 맞죠?"

"아뇨, 소폭으로 할 거예요. 별 차이도 없어요."

아무렇지 않게 소폭 벽지를 바른다고 하니 당황했다. 다행히 시공하기 전이었기에 강력하게 요구해서 광폭 벽지로 교체할 수 있었다. 벽지는 우리 부부가 빨리 알아보고 대처했지만 작업 전반을 일일이 체크할 수는 없었기에 그냥 넘어간 과정도 있었다.

조경이 그랬다. 진정한 의미의 조경이 아닌 준공을 위한 조경을 해놓았다. 말 그대로 나무 10여 그루를 심어놓았을 뿐이었다. 게다가 사후 관리도 전혀 해주지 않아 결국 나무들이 죽어가기 시작했다. 나무를 좀 봐줄 것을 부탁하자 김종흠 소장은 자기네는 조경업체가 아니기 때문에 봐줄 의무가 없다는 냉랭한 답변만 했다.

집을 짓고 나서 건축주가 시공사 대표는 물론이고 현장 소장과 기분 좋게 헤어지는 경우는 극히 드물다고 한다. 둘은 나름대로 최선을 다했다고 이야기할 것이고, 건축주 입장에서는 여전히 마음에 들지 않는 부분이 있을 것이다. 이 틈을 줄이기 위해서는 건축주가 시공 과정에서 원하는 부분을 적극적으로 요구하는 수밖에 없다. 일단 집이 지어지고 나면 돌이키기란 거의 불가능하기 때문이다.

집짓기가 이토록 피곤한 일이라면 차라리 아파트를 사는 게 속 편하겠다고 생각할지 모른다. 그러나 아파트 역시 다를 바 없다. 똑같이 철근의 개수를 줄이고, 최종 마감재를 속이고, 중간에 업체를 변경하면서 최대 이익을 꾀하기 위해 어떻게든 수를 쓴다는 점에서는 다르지 않다. 단지 아파트를 설계한 건축가나 시공한 시공사 대표와 현장 소장 등을 직접 만날 일이 없을 뿐이다.

시공사 대표와 현장 소장은 1년에 집을 적게는 몇 채, 많게는 몇 십 채씩 짓는다. 한 채씩 지을 때마다 수익을 가져간다. 건축주는 반대다. 평생 번 돈을 몽땅 집에 털어넣기도 한다. 건축주에게 집은 꿈이자 생의 모든 것이다. 그럼에도 현장에서는 건축주의 꿈을 짓밟는 일이 횡행한다. 자재를 속이고 하자를 방치한다. 여러 건축주들의 말에 따르면 자기 집을 짓는 것처럼 양심껏 작업하는 시공업체는 정말 찾기 힘들다고 한다.

싸게 지으면 그만큼 문제가 생길 가능성이 높다

어떤 건축가를 만나느냐에 따라 집의 운명이 바뀐다. 건축가는 건축주와 충분히 상의를 하고 건축주가 원하는 방향으로 집을 설계하지만 기본적으로 건축가들마다 자신의 스타일이 있기 때문이다. 또 건축가는 건축주에게 모든 진실을 이야기하지 않는다. 자기에게 유리한 것은 목소리를 높이다가 불리한 것은 입을 싹 닫아버린다. 실제 이런 말을 하는 건축가들이 있다.

"저 빼고는 다 사기꾼이라고 보면 됩니다."

그러나 우리 부부는 단언한다. 이런 말을 하는 건축가일수록 믿으면 안 된다고.

건축주는 집을 싸게 지을 수 있다는 말에 가장 흔히 속는다. 아무리 싸게 지어도 3억 이하는 어렵다고 하는데 자신은 2억대에 짓겠다고 하면 의심해야 한다. 다른 사람들은 안 된다는 것을 어떻게 본인은 할 수 있다고 할까. 그런 사람들의 주장은 한결같다. 자신은 마진을 더 남기지 않는 양심적인 건축가라는 것이다. 선뜻 믿기지 않아 망설이면 일단 믿어보라고 한다. 절대 믿어서는 안 된다.

수법은 비슷하다. 건축주의 마음을 사로잡기 위해 먼저 턱없이 낮은 견적서를 내민다. 그들의 주장대로 마진이 거의 붙을 데가 없는 빠듯한 예산으로 잡혀 있다. 일단 공사를 따내고 나면? 작업 과정에서 슬금슬금 공사비를 올린다. 결국 공사비는 다른 건축가가 제시했던 것보다 더 들어갈 수 있다. 생각할수록 간교하고 괘씸하다. 그러나 입장을 바꿔 생각하면 답이 나온다. 남는 것이 거의 없는 공사를 과연 어떤 시공업체가 하려고 할까. 애초에 견적서를 내밀었을 때 건축주가 이런 점까지 간파했어야 하는 것이다.

건축주는 예산에 대한 감이 없다. 세세한 항목을 따지기보다는 총금액이 얼마 정도 들어가는지를 보고 대충 짐작을 한다. 30평대의 집을 3억에 지을 수도, 2억에 지을 수도 있다. 어떤 설계로 짓느냐, 어떤 자재가 들어가느냐에 따라 비용 차이는 현저하게 난다. 같은 평수라도 창문이 몇 개인지, 화장실 크기가 어떤지에 따라 건축비가 달라지는 것이다. 3억짜리 집을 2억에 지어주겠다는 말에는 '날림으로 짓겠다.'거나, 아니면 '중간에 공사비를 더 요구하겠다.'는 의미가 담겨 있는 것으로 생각하면 된다.

한번은 둘이 같이 외출했다가 한창 집을 짓고 있는 현장을 보게 되었다. 집을 막 지은 후라 다른 집이 지어지는 모습에도 관심이 갔다. 그 이후에도 몇 번 그곳을 지나쳤는데 똑같은 장소를 가다 보니 집이 지어지는 과정 하나하나가 눈에 들어왔다. 처음에는 별문제 없어 보였다. 그러다 어느 날 기둥목이 세워진 것을 보게 됐다. 한눈에 보기에도 상태가 이상했다. 이미 심하게 좀먹은 나무였던 것이다. 거의 폐목 수준이었다. 우리는 걱정스러운 마음부

집을 지을 때는 세부 견적서를 꼼꼼히 따져야 한다. 무턱대고 총 비용을 깎을 것이 아니라 불필요한 자재의 품질을 낮추는 식으로 단가를 조정하는 것이 합리적이다.

터 앞섰다. 저런 나무로 기둥을 만들면 틀림없이 몇 년 지나지 않아 문제가 생길 터였다.

집주인이 봤다면 당장 화를 내고 다른 나무를 가져오라고 할 텐데 현장에 없으니 아무도 지적하지 않았다. 다른 날 다시 그 집에 가자 이미 그 좀먹은 나무는 깔끔한 집성목으로 잘 싸여져 있었다. 건축가가 단가를 아끼기 위해 싸구려 나무를 쓰고는 순식간에 집성목으로 덮어버린 것이다. 그 안에 어떤 나무가 들어갔는지 건축주는 알 길이 없다. 겉만 번드르르하게 지어놓고 최고급으로 했다고 거짓말을 해도 확인할 방법이 없다. 우리도 그때 그 장면을 보지 못했더라면 전혀 문제가 없는 집이라고 생각했을 것이다. 이런 점을 막기 위해 건축주가 현장에 자주 가야 한다지만 그렇다고 매일매일 현장에서 지낼 수는 없는 노릇 아닌가. 작정하고 속이려면 얼마든지 가능하다.

파주나 일산 쪽의 단독주택에 살고 있는 건축주들과 이야기를 나눠보면 한결같이 비슷한 대답을 한다.

"혹시 형제나 부모가 당신 집을 설계한 건축가를 소개해달라고 한다면 기꺼이 소개해주겠습니까?"

"그건 좀……. 다시 알아보라고 할 것 같습니다."

대부분의 건축주들이 추천을 망설인다. 단순히 소개해주지 않는 정도가 아니라 '완전 사기꾼'이라고 말하는 데 주저함이 없는 경우도 많다.

똑같은 집을 더 저렴하게 지어주겠다는 건축가가 있다면 고마워할 것이 아니라 꼼꼼히 따져봐야 한다. 전체 금액이 아니라 세부 견적서를 놓고 합의해야 한다. 같은 등급의 단열재, 창호, 외장재 등을 사용했을 경우의 비용을 비교해보는 것이다. 총비용이 얼마인데 좀 깎아달라고 할 것이 아니라 불필요한 자재는 품질을 낮추는 식으로 단가를 줄이는 게 합리적이다. 특히 인건비나 공사비 같은 것을 깎으려고 하면 곤란하다. 인건비는 노동력에 합당한 비용을 지불하는 것이다. 만일 이 부분을 터무니없이 깎으려 들면 시공업자는 다른 항목에서 부족한 부분을 메꾸려고 갖은 노력을 할 수밖에 없다. 비용 좀 아끼자고 덤볐다가 집 전체가 부실하게 지어지는 참혹한 결과를 맞이할 수도 있는 것이다.

하자 보수에 대한 안전장치를 마련하라

집짓기에서 터를 다지는 것, 골조를 올리는 것, 인테리어를 하는 것, 그 어느 것 하나 중요하지 않은 과정이 없다. 그 모든 과정의 하이라이트를 꼽는다면 단연 '하자 보수'가 아닐까. 집 짓는 일도 결국 사람이 하는 일이다. 설계에서 시공까지 완벽을 추구해야 하지만 문제는 꼭 생기고 만다. 어떤 집이든 완전무결할 수는 없다. 다만 문제가 생기면 그것을 시정하면 되는 것이다. 그러나 집을 지은 뒤 사람들이 가장 속 끓이는 부분이 바로 하자 보수다.

하자 보수는 굉장히 중요하므로 당연히 계약서에 다 써놓는다. 우리 부부의 경우도 분명히 명시했다. 보수 기간을 1년으로 잡고 건축주가 요구할 경우 7일 이내에 방문해야 한다는 내용이었다. 당연히 계약서에 적어두었기 때문에 앞으로 골치 아픈 일은 없을 거라고 생각했다.[6]

하지만 계약서는 있으나 마나였다. 언제든 즉시 달려와서 하자를 봐주겠다던 말은 허공에 흩어졌다. 잔금을 모두 치르고 나자 어떠한 연락도 없었다.[7] 크고 작은 하자가 계속 발생해서 손볼 곳이 한두 군데가 아닌데 그 누구와도 연락이 제대로 되지 않으니 답답한 노릇이었다. 그제야 주변 이웃들에게 물어보니 "말이 하자 보수 1년이지, 잔금 치르고 1개월만 지나도 연락을 받지 않는다."는 것이었다.

물론 건축가와 시공사는 작업하는 내내 최선을 다했다. 모두 "정말 공들여서 집을 짓고 있다. 언론에도 보도되고 책으로도 나올 집짓기를 대충 할 수는 없다. 그건 우리처럼 신뢰와 명예가 목숨인 사람들에게는 불가능한 일이다."라고 수십 차례 말했다. 100퍼센트 만족스러운 것은 아니었지만 다른 집들에 비하면 세세하게 신경을 많이 써준다는 느낌이 들었다. 또 진심도 느껴졌다. 우리는 그 부분에 대해서만큼은 아직도 많이 고마워하고 있다. 하지만 정말 하자를 참고 견디기는 쉽지 않았다.

대표적으로 우리 집 1층 화장실에는 약 1년 정도 환풍기가 없었다. 화장실에 환풍기가 없으니 상당히 불편했다. 겨울철에도 창문을 열어두고 있어야 했다. 우리가 환풍기를 달아줄 것을 계속 요구하자 이현욱 소장은 박정 대표와 김종흠 소장에게 지시하겠다고 답변했다. 하지만 두 사람은 아무런 조치를 취하지 않았다.[8]

이뿐만이 아니다. 거실에 실리콘을 꼼꼼히 바르지 않아 그 사이로 개미들이 나오기 시작했다. 처음에는 단순히 단독주택이라 개미가 많은 것이라고만 생각했다. 그런데 아니었다. 해충퇴치업체가 실리콘으로 틈새를 막아주자 그다음부터는 개미가 나오지 않았다.

우리를 가장 괴롭혔던 환풍기 문제는 지앤건설 김성한 대표가 해결해주었다. 이때 걸린 시간은 고작 10분 정도였다. 환풍기가 없어서 1년 넘게 고통 받았는데, 고작 10분 만에 환풍기가 달린 것이다. 이렇게 간단한 일을 왜 그들은 계속 불가능하다고 했던 건지 지금도 잘 이해되지 않는다.

가장 고통스러웠던 문제가 해결되니 비로소 마음이 편안해졌다. 집에 있는 내내 스트레스를 받았는데 그럴 일이 없어지자 집의 장점들이 보이기 시작했다. 그리고 입주와 동시에 집짓기의 고된 과정이 끝났다고 생각했는데 절대 그렇지 않다는 것을 새삼 깨달았다. 하자 보수까지 끝나야 비로소 집짓기가 완료되는 것이다.

하자 보수 문제는 좀 더 근본적인 대책이 필요할 듯하다. 잔금까지 치른 상태에서는 건축가나 시공사 대표 그리고 현장 소장의 태도가 달라질 수 있기 때문이다. 입주와 동시에 잔금을 치르고 나면 건축가와 시공업자를 구속할 방법이 없어진다. 잔금을 다 치렀어도 계약서가 있으니 괜찮지 않을까 싶지만 사실 그 계약서는 별 효력이 없다.

우리 집을 시공한 스카이하우징과 하나종합공사도 우리가 하자 보수를 요청하면 7일 이내에 방문하기로 문건상 약속했지만 스카이하우징 박정 대표는 한 번도 오지 않았고 김종흠 소장은 100일이 지나서야 야밤에 한 번 찾아왔다. 엄연히 계약 위반이지만 이미 잔금을 치른 상황이었기에 우리가 취할 수 있는 조치는 없었다. 그들이 전화기를 꺼놓거나 받지 않으면 건축주로서는 어쩔 도리가 없는 것이다.

그러다 결국에는 다시 돈을 들여 다른 시공사에 하자 보수를 의뢰하기에 이른다. 건축주로서는 엄청난 손해다. 소송을 걸면 된다지만 실제 소송까지 가는 경우는 많지 않다. 소송을 하면 집에 문제가 있다는 소문이 대번에 나고, 그러면 집값이 떨어질지도 모른다는 불안감 때문이다. 소송에 따르는 피로감도 만만치 않다. 이것저것 따지다가 그냥 속으로 삭인다.

그렇기에 계약서를 쓸 때는 1년간 하자 보수를 해준다는 내용만이 아니라 하자 보수 계약 기간이 끝나는 시점에 잔금을 치른다는 내용도 명시하는 것이 좋다. 전체 공사비의 30퍼센트 정도를 하자 보수 보증금으로 남겨놓는 것도 하나의 방법이다. 물론 말로는 최선을 다해 마무리까지 책임져준다고 한다. 하자 보수 기간이 끝난 후에 잔금을 치르겠다고 하면 '자신들을 믿지 못하는 거냐?'며 되레 큰소리를 칠 수도 있다. 하지만 대부분 말로만 끝나는 경우가 많기 때문에 미리 조심해서 나쁠 것은 없다.

만약 건축가나 시공사가 입주와 동시에 잔금을 치러야 한다고 하면 어떻게 할 것인가? 그런 건축가나 시공사와는 절대로 계약하지 말 것을 권하고 싶다.

공부만이 살 길이다

지인 중에 집을 정말 만족스럽게 잘 지은 사람이 있다. 보통은 집을 짓고 나면 상처받기 마련인데 그는 그렇지 않았다. 공사 과정에도 별다른 잡음이 없었고 모든 것이 원하는 대로 착착 이루어졌다. 어떻게 그는 큰 스트레스 없이 집짓기를 끝냈을까. 그저 운이 좋았던 걸까.

그 건축주는 집을 짓기 위해 3년 동안 공부를 했다고 한다. 바쁜 와중에 짬짬이 시간을 내어 책도 보고 인터넷 카페에 수시로 들러 다양한 정보를 접하고 주말에는 집짓기 카페 등에서 운영하는 건축 기초반을 수강하기도 했다. 그러자 어느 순간 그 바닥이 훤히 보이기 시작했다. 어떤 건축가가 좋은 건축가이고 자기와 잘 맞는 건축가인지 눈에 들어왔다. 자신이 생각하기에 가장 완벽한 건축가를 골랐고 집을 어떻게 지을지 충분히 상의를 했다. 결국 자신이 원하는 대로 좋은 집을 지을 수 있었다.

공부라고 하니 뭔가 거창하지만 그렇지 않다. 어려운 전공 서적을 뒤져가며 건축법을 공부하라거나 새로운 시공법을 알아야 한다는 뜻이 아니다. 제일 중요한 것은 자신이 어떤 집에서 살기를 원하는지 스스로 점검하는 것이다. 누구나 자신만의 집을 가지고 싶어 하지만 구체적으로 어떤 집을 생각하는지 말해보라고 하면 말문이 막힌다. 잡지에서 봄 직한 근사한 외관을 떠올리며 대강 말하는 것이 전부다. 막연히 복층이면 좋겠다거나 거실이 넓었으면 좋겠다는 식으로 두루뭉술하게 이야기한다면 그건 아직 취향이 없는 것과 같다.

집짓기에 돌입하면 현실적으로 결정해야 할 것들이 한두 가지가 아니다. 평소 눈여겨보지도 않던 수도꼭지와 문고리까지 직접 골라야 한다. 다 거기서 거기가 아닐까 싶지만 기능과 디자인이 천차만별이다. 거실 바닥의 스타일과 색상, 조명이나 스위치의 위치도 원하는 바가 확실해야 좋다. 꼭 맞는 것을 찾기란 쉽지 않겠지만 취향에 가깝게 접근할 수는 있다.

자재에 대해서도 미리미리 알아두자. 무조건 비싸다고 좋은 것도 아니고, 싸다고 허술한 제품도 아니다. 제품에 대해 잘 파악하고 있으면 시공 과정에서 시공사 사람들에게 휘둘리지 않을 수 있고 집이 다 지어진 후에도 아쉬움이 없다. "알아서 잘 해주세요."라고 하는 것만큼 바보스러운 주문은 없다.

여전히 우리가 아쉬운 것은 미처 '집'에 대해 공부하지 못했다는 점이다. 집 짓는 과정에 대한 이해가 부족했고 우리 스스로도 어떤 집을 원하는지 잘 알지 못했다. 물론 잡지와 인터넷으로 다양한 집들을 찾긴 했지만 그렇게 사진을 보는 것만으로는 부족했다.

하다못해 바닥 색깔이 밝은 게 좋은지, 어두운 게 좋은지 잘 판단할 수가 없었다. 밝은 걸 보면 환해서 좋아 보이고 어두운 걸 보면 안정감 있어서 좋아 보이는 식이었다. 처음 설계를 시작했을 때, 그러니까 그나마 얼마간의 시간이 있었을 때 우리에게 조명이나 타일, 부엌 가구 등에 대해 미리 알아보라고 이야기를 해줬더라면 좋았을 텐데 별말이 없었기에 우리 역시 손 놓고 있었다. 시공에 들어갈 때쯤에야 얼른 제품들을 고르라고 하니 시간에 쫓겨 허둥지둥했다. 현장에서는 시간이 돈이라 혹시 우리의 늦은 선택으로 공사가 지체되면 공사비가 오를 수밖에 없었다.

집을 지을 때 제일 중요한 것은 자신이 어떤 집에서 살기를 원하는지 스스로 점검하는 것이다. 부부 사이에는 충분한 대화가 있어야 서로에게 꼭 맞는 집을 지을 수가 있다.

시간 여유를 두고 집짓기를 준비한다면 그 자체가 커다란 유희요, 자신에 대해 잘 알 수 있는 계기가 될 것이다. 집 지을 생각을 하고 주변을 살피면 매일 가던 카페의 조명 하나도 예사롭게 보이지 않는다. 공중화장실의 변기도 다시 한 번 보게 되고 식당 의자도 눈여겨보게 된다. 방이 큰 게 좋은지, 무조건 넓은 거실이 좋은지, 결국 집에 있으면 가장 오래 머무는 공간이 어디인지를 생각하면서 '나'라는 인간에 대해 되짚어보게 된다. 그 과정에서 나에게 꼭 맞는 집, 평생을 살아도 질리지 않는 집을 지을 수가 있는 것이다.

당장 계획이 없더라도 스스로 어떤 집을 원하는지 충분히 생각해보자. 시간을 두고 공부하다 보면 언젠가 기회가 왔을 때 머뭇거리지 않고 진행할 수 있다. 실제로 어떤 집을 지을지 모든 구상이 끝났다고 해도 6개월에서 1년 동안은 건축가와 충분히 상담해 보는 것이 좋다. 과연 그것이 실현 가능한지, 혹은 더 좋은 방법은 없는지 물색하는 것이다. 우리가 아무리 열심히 공부한다고 해도 전문가의 수준에 미칠 수는 없다. 다만 같이 이야기를 나누는 과정에서 더 나은 대안들이 나올 수는 있다.

이웃과는 적당한 거리를 유지하라

단독주택에 산다고 하면 이웃들과 엄청나게 긴밀한 관계를 맺을 것이라고 생각하는 사람들이 많다. 주말마다 바비큐파티를 하고 한여름에는 같이 수박을 쪼개 먹으면서 한가로이 지낼 것이라고. 약간의 허상이 섞여 있다. 단독주택에 살고 싶어 하는 사람들이 품고 있는 하나의 로망이다.

물론 그렇게 사는 사람들도 있다. 하지만 대부분 그렇게 살기 힘들다. 주거 형태 때문이라기보다는 생활 습관의 문제다. 원래 친하게 지내던 사람이 이웃에 산다면 모를까, 아파트에서 전혀 교류하지 않던 사람이 단독주택으로 옮겨온다고 갑자기 친밀한 성격이 될 수는 없다.

우리 부부는 이웃들과 인사를 하고 지낸다. 만나면 간단한 안부를 나눈다. 딸아이를 볼 때마다 두 팔 벌려 반겨주시는 분도 있다. 간혹 텃밭에서 딴 채소를 나눠주는 이웃도 있다. 아이의 첫돌 때 선물을 손수 주시거나 직접 케이크를 구워 그 위에 이름까지 새겨주신 따듯한 분들도 있다. 고맙고 감사한 일이다. 하지만 그 선을 넘어 서로의 영역까지 드나드는 일은 없다.

단독주택에 사는 사람들도 매일매일 바쁘다. 똑같이 아침에 출근해 저녁에 퇴근한다. 평일에 열심히 일했으니 주말에는 이웃들과 파티라도 하며 피로를 풀면 좋지 않을까 싶지만 그것이 과연 모두에게 진정한 휴식이 될까. 가족과 거실에 오붓이 모여 담소를 나누거나 혼자만의 여유를 가지고 싶어 하는 사람들도 분명 있지 않을까.

아파트에 산다고 해서 모두 옆집에 누가 사는지도 모를 만큼 삭막하게 지내는 것은 아니다. 그런 사람도 있고, 아닌 사람도 있다. 엘리베이터에서 마주치는 것조차 불편하게 생각하는 사람이 있는가 하면, 잘 모르는 이웃과 스스럼없이 인사하고 안부를 묻는 사람도 있다. 특히 비슷한 나이대의 아이를 키우는 젊은 엄마들 간의 유대관계는 시골 마을의 이웃사촌을 능가한다. 식구가 몇 명이고 아이가 몇 학년인지 속속들이 아는 사이가 되기도 한다. 다만 아파트의 경우 서로의 이해관계 때문에 원수지간이 될 수 있다. 층간 소음이나 흡연 등의 문제로 얼굴을 붉히는 일이 종종 발생한다.

단독주택에 사는 것도 비슷하리라고 본다. 이웃과 긴밀하게 지내는 사람도 있고, 아닌 사람도 분명 있다. 아파트처럼 층간 소음 문제로 다툴 일은 없지만 옆집의 덩치 큰 개가 밤마다 짖어서 소음에 민감한 사람이 항의하기 시작하면 두 이웃은 편하게 지내기가 쉽지 않다.

한 가지, 단독주택이 아파트와 분명 다른 점은 있다. 들고 나는 시간이 짧은 아파트에 비해 단독주택은 한번 살기 시작하면 오랜 세월을 거처하게 된다. 오래 지내다 보면 서로 많은 이야기를 나누지 않아도 저절로 쌓이는 정이 있을 것이다. 아장아장 걷던 아기가 어느덧 자라 교복을 입고 학교에 가는 것을 보면서 무탈하게 잘 커가는 모습에 같이 기뻐할 수도 있다. 폭우가 쏟아지거나 눈이 많이 쌓였을 때는 서로의 집이 괜찮은지 걱정해주고 도와줄 수도 있다. 단독주택에 산 지 얼마 되지 않았지만 우리도 시간이 흐를수록 아파트와는 또 다른 유대감을 느낄 수 있을 것 같다.

집은 자아실현의 도구가 아니다

가끔 지나가다 깜짝 놀랄 만큼 특이한 주택을 발견할 때가 있다. 대체 저런 설계는 왜 했을까 싶은 독특한 디자인의 집들이다. 일단 복잡하고 범상치 않은 건물은 주변 사람들의 눈길을 잡아끈다. 그 자체로 강한 존재감을 드러낸다. 하지만 화려한 외관과는 달리 문제를 일으키기만 한다면 아예 아무런 존재감이 없느니만 못하다.

뜨거운 태양, 강렬한 추위와 싸워야 한다면 집은 본연의 기능을 못하는 것이다. 특이한 설계를 시도하느라 집에 요구되는 가장 기본적인 모양새도 신경 쓰지 못했다면 차라리 기능에만 집중하여 외양이 예쁘지 않은 투박한 집이 훨씬 낫다.

일부 건축가들은 새로운 것을 시도해보고 싶어 하는 경향이 있다. 집을 특이하게 지으면 지나가는 사람들이 한눈에 알아볼 것이고, 그렇게 유명해지면 건축물의 값어치도 올라갈 것이라고 건축주를 설득한다. 그러나 실패의 결과는 고스란히 건축주가 져야 한다. 건물을 짓는 데 들어간 돈은 결국 건축주의 몫이기 때문이다. 컴퓨터로 시뮬레이션했을 때는 분명 근사해 보였는데 막상 다 짓고 보니 아무래도 시골의 축사 같은 꼴이라면 건축가는 다음부터 그런 디자인의 집을 짓지 않으면 된다. 에너지 절감을 위해 천장 낮은 집을 지었는데, 시야가 답답해서 견딜 수 없는 지경이라면 건축가는 다시는 그런 집을 시도하지 않으면 된다. 건축가는 건축비를 이미 챙겼다. 심지어 경험에서 귀중한 교훈도 배웠다. 하지만 건축주는? 그 불편함과 손해를 모두 감수해야 한다.

반대로 건축주가 자아실현을 위해 집을 지었다가 낭패를 보는 경우도 있다. 예전부터 카페 같은 거실을 갖고 싶었다며 1, 2층을 모두 터서 천장이 넓고 높은 집을 짓는 것이다. 한동안은 드디어 꿈을 이뤘다고 기뻐할지도 모른다. 하지만 넓고 높은 천장의 장점은 좋은 분위기 하나지만 단점은 여러 가지다. 무엇보다 단열과 냉방이 절대적으로 불리하다. 분위기도 하루 이틀이지 남는 것은 부담스러운 요금 청구서뿐이다. 넓고 높은 천장이 좋다면 그런 카페를 찾아가 시간을 보내고 오면 된다. 아니면 그런 펜션에서 며칠 머무는 것도 좋다. 일상적 공간은 특이함보다는 편안함이 우선되어야 한다.

정통 유럽형 주택을 선보이겠다고 잔뜩 공을 들여 지은 집이 있었다. 얼핏 보면 탄성이 절로 나올 만큼 근사했다. 바닥은 온통 타일로 마감했다. 심지어 침실까지. 정말 특이하고 획기적이긴 했지만 침실 바닥의 타일을 밟는 순간 '아, 이건 아니지.' 하는 생각이 강력하게 들었다. 방이 주는 아늑함과 따뜻함 대신 스산한 느낌이 감돌았다.

어떤 집은 거실 가운데 연못을 만들어놓았다. 첫인상은 시원하다. 하지만 연못 관리에 엄청난 비용이 든다. 지독한 습기는 덤이다.

집을 지을 때는 잠깐 좋은 것을 생각하기보다 오래오래 살 곳으로 적합한지를 염두에 두어야 한다. 특히 아이가 있는 경우 당장 아이가 좋아할 만한 구조를 선택했다가 후회하는 경우가 많다. 아이는 생각보다 빨리 성장하기 때문이다. 아이에게 선물해주기 위해 계단을 크게 설계해 그 옆에 미끄럼틀을 만들었다고 해보자. 한동안은 아이가 무척 좋아할 것이다. 하지만 오래 지나지 않아 그 미끄럼틀은 상당히 성가신 존재가 되어버린다. 기발한 시도를 한다며 1층과 2층 사이에 봉을 설치한 사람도 있다. 마치 소방관이 내려오듯 말이다. 처음에는 재미있고 신기하다. 아이가 있다

일상적인 공간은 특이함보다 조화로움, 편안함이 우선되어야 한다.

면 열광할지도 모른다. 그러나 그것도 잠시, 불편해서 잘 쓰지 않을 확률이 높다.

주변 집들과의 조화도 생각해야 한다. 전경과 전혀 어울리지 않는 독특한 집을 짓기보다는 잘 어우러지는 집을 짓는 것이 좋다. 우리 집 역시 동네의 분위기와 어울리도록 디자인했다. 전체적인 분위기를 해치지 않으면서도 충분히 우리 집만의 개성을 살려서 지을 수 있다.

중요한 것은 그 안에서 사람이 건강하고 쾌적하게 살아가야 한다는 것이다. 독특함은 그다음 이야기다. 지앤건설 김성한 대표는 '제일 좋은 집'의 정의에 대해 다음과 같은 말을 해주었다.

"비가 새지 않고 겨울에 따뜻한 집이 최고로 좋은 집입니다."

우리가 요즘 비가 새는 집이 어디 있으며, 겨울철에 추운 집이 어디 있느냐고 하자 그는 이렇게 답해주었다.

"평균적으로 신축 단독주택 열 집 중에 한두 집이 비가 샙니다. 제가 그동안 비가 새는 집을 얼마나 많이 고쳐주었는데요. 단열이 제대로 되지 않아 겨울철에 추운 집은 열 집 중 서너 집입니다. 작가님 집은 비가 새는 일이 없고 최고 수준의 단열을 자랑하는데 이 정도면 정말 훌륭한 집이지요."

생각해보면 정말 맞는 말이다. 우리 집은 단열만큼은 최고로 신경 써서 건축했다. 덕분에 기온이 영하 15도 이하로 떨어지는 날에도 속옷 차림으로 이 큰 집을 돌아다녀도 괜찮을 정도다. 난방비도 그리 많이 들지 않는다. 사상 최강의 한파가 몰아닥쳤던 작년 겨울에도 난방비가 월 30만 원을 넘긴 적이 거의 없을 정도다. 1, 2층 전체를 하루 종일 난방하고 수시로 작업실까지 난방했는데도 정말 놀라울 만큼 저렴한 난방비였다.

아무튼 비가 아무리 많이 와도 천장에서 물이 새지 않고 단열이 잘되어 찬바람을 맞을 일이 없는 집이 가장 좋은 집이다. 그런데 이런 집은 디자인 같은 부분을 욕심내면 짓기 힘들다. 혹시 아직도 특이한 집을 짓고 싶은 열망이 있다면 다시 한 번 생각해보라고 말하고 싶다.

집짓기에는 충분한 시간이 필요하다

사람들과 집에 대해 이야기하면서 발견한 사실이 하나 있다. 바로 집에 대한 만족도에 결정적인 역할을 하는 것이 바로 시간이라는 점이다. 오랫동안 지은 집일수록 건축주의 만족도가 높다. 여기서 만족도란 건축주의 개인적인 감정일 뿐, 특별히 기능적으로 우수하다거나 디자인이 뛰어나다는 등의 사실적인 지표와는 상관없는 부분이다. 얼핏 느끼기에는 건축주의 만족도보다 객관적으로 증명 가능한 집의 완성도가 훨씬 중요하다고 생각할지 모르겠다. 그러나 우리가 집을 지어보니 절대 그렇지 않았다. 완성도만큼 만족도도 중요했다.

집 짓는 시간이 오래 걸린다는 것은 설계 단계에서부터 고민을 많이 한다는 이야기다. 남들은 세 번 고민하고 결정할 내용을 서른 번 고민하고 결정하는 것이다. 이때 내린 결론이 최고라고 할 수도 없다. 다만 최선의 선택을 한 셈이다. 어쩌면 세 번 고민한 설계와 서른 번 고민한 설계가 똑같을 수도 있다. 하지만 가족의 생활 패턴과 개성, 욕구 등을 떠올리면서 천천히 연구하고 고민하는 과정을 거쳤기에 결과에 후회는 없다. 짧은 시간에 집을 짓다 보면 자신이 무엇을 원하는지, 중요한 것이 무엇인지 놓치는 부분이 생기기 마련이다. 시간을 두고 차근차근 챙기다 보면 놓치는 것을 최소화할 수 있다.

심리적 만족도는 건축주의 건강에 지대한 영향을 미친다. 굳이 돈을 더 들여 친환경 집을 짓는 이유가 무엇인가. 더 건강하게, 행복하게 지내고 싶기 때문이다. 온갖 몸에 좋다는 재료들로 집을 짓고도 스트레스를 달고 사는 것만큼 어리석은 선택은 없다.

TIP POINT

대공사를 다시 하다
방수와 조경

집을 짓고 난 후에도 부수적인 공사가 이어진다. 우리 집 뿐 아니라 다른 집들도 그렇다. 그나마 우리는 나은 편이다. 단열을 대충해서 벽을 새로 붙인 집도 있고, 집 안에 물이 새서 방수 공사를 새로 하는 집도 있다. 물론 문제가 일어나도 마냥 버티는 집도 있다. 하지만 문제를 발견했을 때 바로 손을 대는 것이 가장 돈을 아끼는 길이다.

새로운 집에서 잘 지내던 어느 날, 우리 집의 하자 보수를 줄곧 맡아준 지앤건설 김성한 대표가 조심스레 말을 꺼냈다.

"혹시 모르니까 집 벽면 아래를 좀 파보면 어떨까요?"

"왜요? 무슨 문제라도 있나요?"

"아무래도 방수에 문제가 있을 것 같아요."

일반적으로 목조주택을 지을 때는 땅 위에 시멘트를 올리고 그 위에 나무 벽체를 올려 집을 짓는다. 그런데 우리 집의 경우 벽체 하단 부분이 땅에 덮여 있었다. 이렇게 되면 나무와 땅이 맞닿은 부분이 필연적으로 조금 썩을 수밖에 없다는 것이다. 혹시나 하는 생각에 땅을 파서 확인해보니 아니나 다를까 우려했던 그대로였다. 집 전체를 빙 둘러 땅에 묻힌 부분이 살짝 썩어 있었다.

목조주택은 습기에 대단히 취약하다. 그래서 목조주택을 지을 때 가장 중요한 것 중 하나가 바로 방수 공사다. 어떤 건축가들은 콘크리트 기초를 높이 쌓은 뒤 그 위에 나무를 올리면 절대 썩지 않는다고 주장한다. 제아무리 비가 많이 와도 물이 나무에 닿을 일이 없다는 것이다. 하지만 세상에 완벽한 방수란 존재하지 않는다. 설령 나무가 물과 접촉할 일이 전혀 없다고 하더라도 땅에서 종일 솟아나는 습기는 막을 수가 없다. 그래서 목조주택 방수 기술로 세계 최고를 자랑하는 유럽, 미국, 일본 같은 선진국들조차 목조주택이 썩는 것을 막지 못한다. 그런 곳에서 지은 집들도 10년이 넘어가면 서서히 썩어간다고 한다. 실제로 인터넷에서는 유럽, 미국, 일본의 목조주택이 썩어 있는 사진이라든가 영상을 어렵지 않게 접할 수 있다.

우리나라의 건축계에는 목조주택을 방수한다는 개념이 거의 없다고 한다. 마치 시멘트 집처럼 생각하고 방수한다는 것이다. 그래서 우리나라 목조주택은 완공 후 1~3년 정도가 지나면 곰팡이가 슬기 시작한다. 물론 눈에 거의 띄지 않을 정도로, 작은 점 크기로 말이다. 그런데 그 정도로 곰팡이가 슬었다는 것은 벽체가 상당 부분 썩었다는 의미다. 실제로 작년에 수도권의 한 목조주택 단지에서 난리가 난 적이 있다. 입주한 지 1년도 되지 않아 벽에 곰팡이가 잔뜩 슬었기 때문이다. 알고 보니 이 목조주택 단지의 주택들은 대부분 벽체 전체가 썩어 있었다고 한다. 충격적인 사실은 이 목조주택 단지를 설계한 건축가가 텔레비전에 한 번씩 얼굴을 비출 정도로 유명한 사람이었다는 것이다. 시공사도 유명한 곳이었고. 업계에서 나름 실력을 인정받은 사람들도 이 정도니 주먹구구식으로 집을 짓는 일반 업자들은 말할 것도 없다.

물론 곰팡이가 슬고 벽이 썩는다고 집이 기울거나 무너지지는 않는다. 목조주택 자체가 어떤 의미에서는 시멘트 주택보다 튼튼하기 때문이다. 유럽, 미국, 일본의 목조주택도 지은 지 30년이 넘어 리모델링을 하려고 벽을 뜯으면 집 전체가 썩어 있는 경우가 대부분이라고 한다. 다른 말로 하면 그렇게 썩었어도 30년 넘게 아무 이상이 없었다는 의미다. 썩는다고 해서 집이 당장 어떻게 되는 것은 아니다. 안에서부터 썩어 들어가므로 밖에서도 곰팡이가 보이기까지는 상당히 오랜 시간이 걸린다. 썩은 상태로 몇 십 년을 가도 모를 수도 있다. 우리도 뜯어보지 않았으면 전혀 몰랐을 것이다.

우리가 집 하단 부분이 살짝 썩은 것을 발견했을 때 다른 목조주택 건축주들과 건축가들은 이렇게 조언했다.

"우리나라 목조주택치고 겉만 멀쩡하고 속은 썩지 않은 경우가 없습니다. 작가님의 집이 땅에 묻혀 있어 좀 더 빨리 그렇게 된 것뿐이에요. 눈 딱 감고 그냥 덮으세요. 어디서 입도 벙긋하면 안 됩니다. 잘못하면 집이 안 팔릴 수 있습니다. 그리고 이대로 둬도 5년에서 10년은 끄떡없습니다. 지내다가 문제가 될 즈음에 부동산에 집을 내놓으면 됩니다. 다 그렇게 합니다."

하지만 우리는 그들의 말을 귀담아듣지 않았다. 문제가 될 즈음에 부동산에 내놓으면 된다니, 그래서는 안 된다고 생각했다. 문제를 제대로 해결한 뒤에 내놓으면 몰라도. 덕분에 우리는 방수 공사를 포함해서 하자 보수 공사 등으로 8000만 원 가까이를 지출해야 했다.

작은 공사가 아니었다. 포클레인으로 땅을 파서 흙에 묻혀 있던 부분을 들어내고 벽체의 썩은 부분은 물론, 앞으로 위험이 생길 만한 부분까지 전부 걷어내고 고급 방부목으로 벽체를 새로 만들어 붙였다. 그리고 흙과 벽체가 영원히 만날 수 없도록 옆집 땅과 벽체 사이를 깊이 파서 공간을 만들었다. 그리고 그 깊이 파인 공간을 콘크리트로 덮어 배수로를 만들었다. 배수로 옆에는 벽돌과 콘크리트로 담장을 쌓았다. 덕분에 집의 벽체는 옆집 땅과 완벽하게 분리되었다. 대신 담장이 옆집 땅과 붙어 있게 되었다.

방수 작업은 여기서 끝이 아니었다. 벽체 하단 부분에 일반 국산 방수 페인트보다 일곱 배나 비싼 유럽산 수족관용 방수 페인트를 칠했다. 그리고 고급 함석을 그 위에 붙였다. 혹시라도 비나 눈이 위에서 떨어지면 함석으로 막아주기 위해서였다. 그렇게 우리 집은 6중 방수 시스템을 갖추게 되었다. 아마 우리나라 목조주택 역사상 최초의 6중 방수일 것이다.

이왕 하는 김에 매일매일 물을 쓰는 화장실도 방수 처리를 다시 했다. 기존 타일에 외부 벽체에 사용했던 것과 같은 유럽산 수족관용 방수 페인트를 칠하고 다시 그 위에 새로운 타일을 붙였다.

인터넷에 "목조주택 화장실 누수"라고 치면 충격적인 사진들을 목조주택은 습기에 취약하다. 나무와 땅이 맞닿은 부분은 필연적으로 썩을 수밖에 없다.

혹시나 하는 생각에 땅을 파서 확인해보니 우려했던 대로 땅에 묻힌 부분이 살짝 썩어 있었다.

썩은 부분은 물론 앞으로 위험이 생길 만한 부분까지 전부 걷어낸 뒤 고급 방부목으로 벽체를 새로 만들었다.

벽체가 흙에 닿지 않도록 깊게 공간을 만들고 콘크리트로 덮어 배수로를 완성했다.

접할 수 있다. 화장실이 다 썩어 있는 사진들이다. 대부분 유명 건축가와 유명 시공사가 시공한 것들이다. 정부에서 인증을 받았다는 시공사의 사진들도 심심찮게 볼 수 있다. 대부분 "1년도 안 돼서 다 썩었다."라는 식의 설명이 붙어 있다. 도대체 왜 이런 일이 벌어지는 것일까? 우리나라 목조주택의 역사가 짧다 보니 방수에 대한 개념이 없기 때문이다. 그래서 36만 원짜리 수족관용 방수 페인트를 써야 할 곳에 5만 원짜리 콘크리트 옥상용 방수 페인트를 쓰는 것이다. 또 6중 방수를 해야 할 곳에 방수 페인트를 한 번 칠하고 끝내는 것이다. 그건 콘크리트 주택에나 가능한 일인데 말이다. 그 피해는 고스란히 건축주의 것이 된다.

방수 공사는 건축주가 치열하게 공부하고 준비하는 수밖에 없다. 추가로 공사를 하느라 마음고생을 하기는 했지만 빠른 시일 내에 문제점을 발견하고 조치를 취한 건 잘한 일이었다.[9]

방수 공사와 함께 조경 공사도 다시 했다. 처음에 했던 조경 공사는 말이 조경이지, 너무나 날림으로 대충 조성한 것이었다. 우리가 처음에 조경에 대해 깊이 생각하지 않았던 건 이현욱 소장의 의견 때문이었다.

"마당에는 잔디나 좀 깔고 나머지 공간은 텃밭으로 활용하면 되지, 굳이 비싼 조경을 할 필요가 없습니다."

우리는 이 소장의 말에 따라 집을 지은 초기에는 마당 한편을 텃밭으로 썼다. 그런데 텃밭에서 농사를 지어보니 생각보다 만만한 일이 아니었다. 우리처럼 간단하게 채소 몇 종류나 기르려는 사람에게 그렇게 넓은 텃밭은 부담스러웠다.

텃밭을 없애기로 하고 주변 집들은 마당을 어떻게 활용하나 주의 깊게 살펴보니 다들 집 안에 꽤 그럴듯한 정원을 꾸며놓은 것이 눈에 들어왔다. 우리는 그때까지도 이현욱 소장의 영향을 받아 조경이 일종의 잉여라고 생각했기에 굳이 비싼 돈을 들여야 한다고 생각하지 않았다. 다들 경제적으로 여유가 있어 저렇게 정원까지 꾸몄구나 생각하고 넘겼다. 그러나 주변 이웃들과 이야기를 나누다 보니 우리가 조경에 대해 모르고 있던 부분이 있었다. 단순히 보기 좋으라고 조경을 하는 게 아니라는 것이다. 단독주택의 경우 시간이 지나면 건물의 값어치가 크게 떨어진다. 하지만 조경을 잘하면 그 집의 가치는 확 올라간다. 훗날 매매를 하게 될 경우 조경이 어떠냐에 따라 집의 가격이 달라진다. 또 부동산에 나온 다른 집들은 모두 조경을 멋지게 했는데 우리 집만 조경을 안 했다면? 팔기 쉽지 않을 것이다.

한편으로 나무 자체가 훌륭한 재테크 수단이 된다. 좋은 나무 몇 그루를 잘 심어놓으면 오랜 시간이 흘러 그 나무들의 값어치가 상상을 뛰어넘게 된다. 건축한 지 20년이 넘은 집을 팔면서 거의 땅값밖에 못 받을 뻔했는데 알아보니 부모님이 정원에 심어둔 나무들의 가격이 현재 시세로 무려 8억 원이더라는 식의 이야기를 심심찮게 들을 수 있는 곳이 바로 조경의 세계다. 그리고 단독주택 단지의 주택들은 대부분 조경을 열심히, 멋지게 한다. 결국 조경을 제대로 하지 않으면

단독주택은 마당이 아닌 조경으로 평가받는다. 나무 자체가 재테크의 훌륭한 수단인 것이다. 조경은 시간이 만들어주는 부분이 크기 때문에 여유가 있을 때로 미루기보다 최대한 빨리 하는 편이 좋다.

우리 집만 상대적으로 초라해지는 결과가 나온다. 조경은 사람으로 치면 얼굴에 해당한다고 한다. 모두가 깨끗한 얼굴에 고운 화장을 했는데 나만 화장은커녕 씻지도 않은 얼굴이라면 어떻겠는가? 한때 '마당 있는 집'이라는 말이 유행했다. 하지만 그건 아파트와 비교했을 때의 이야기다. 모든 단독주택은 기본적으로 마당이 존재하고 그 위에 조경을 한다. 즉 단독주택은 마당이 아닌 조경으로 평가받는다. 우리는 이 사실을 집을 짓고 나서야 알게 되었다.

처음에 예상하지 못했던 부분이라 막상 조경에 적잖은 돈을 들이려니 속이 쓰렸다. 시간이 지날수록 가치가 높아진다고는 하지만 어쨌든 그건 나중 일이고 당장 방수 공사에 조경까지 하자니 이만저만 부담이 아니었다. 다행히 일산, 파주 지역에서 아름다운 조경을 하기로 유명한 오종근 대표가 남편의 열혈 팬이어서 원가만 받고 조경을 해주었다. 덕분에 1600만 원 정도에 공사를 마칠 수 있었다.

공사를 끝내고 보니 더없이 만족스럽다. 거실에서 내다보는 정원 풍경은 말 그대로 그림 같다. 공사를 마치고 첫눈이 내린 날, 나무에 소복소복 눈이 내려앉으니 마당이 작은 크리스마스 마을처럼 느껴졌다. 일단 집을 짓고 여유가 생기면 그때 조경을 하면 되지 않을까 생각하는 사람도 있을 것이다. 그러나 조경은 시간이 만들어주는 부분이 크기 때문에 최대한 빨리 하는 편이 좋다고 한다. 타운하우스처럼 미리 지어진 집에 들어가는 거라면 모를까, 단독주택을 짓겠다면 조경에 대한 비용도 반드시 고려해야 한다.

다시 집을 짓는다면

우리가 또 집을 짓게 될까. 지금으로서는 알 수 없다. 한동안은 지나가는 사람들을 붙잡고 "절대 집 짓지 말라."고 말하고 싶은 심정이었다. "집 한번 지으면 10년은 늙는다."는 말이 있다. 주택에서 살고 싶다면 이미 지어진 집을 사서 리모델링하거나, 아니면 그냥 아파트에서 사는 게 속 편한 일이라고 말해주고 싶었다. 우리만의 집을 짓겠다는 것은 실로 가슴 뛰는 꿈이지만 그 기쁨을 위해 치러야 하는 희생이 너무 컸다.

이후 지앤건설 김성한 대표의 도움으로 하자 보수를 마무리하고 나니 마음이 서서히 풀리기 시작했고 조경 공사와 방수 공사까지 끝낸 요즘은 정말 집짓기를 잘했다는 생각이 든다. 한번 해봤으니 다음에는 더 완벽하게 잘할 수 있을 것 같기도 하다. 다시 집을 짓는다면 외국의 목조주택 전문가들에게 의뢰해 좀 더 제대로 지어보고 싶다. 시간이 걸려도 정확하고 꼼꼼하게 말이다.

또 훨씬 더 치열하게 공부하고 싶다. 집 안 구석구석 우리의 생활 패턴을 고려해 짜임새 있게 디자인하고 싶다. 공사가 시작되면 건축주가 개입하기 어려워지니까 그전에 최대한 미리 조사하고 준비해놓을 것이다. 또 현장에서의 공사 전반을 이해하고 꼼꼼하게 확인할 것이다.

건축가와 시공사를 믿고 맡기는 것이 좋겠지만 실제 집을 지어보면 누군가를 완벽히 믿고 맡긴다는 게 굉장히 어렵다. 건축가는 도면을 그려 시공사에 넘겨줄 뿐이고 시공사로부터 하청을 받은 현장 소장은 작업을 하면서 어떻게든 자신의 수익을 극대화하기 위해 온갖 노력을 다한다. 분명 A로 해달라고 했는데 B로 하고는 잘 보이지 않게 덮어버리면 건축주는 당할 수밖에 없다. 하지만 구조와 자재, 건축 공정에 대해 보는 눈을 키운다면 예기치 못한 문제가 발생했을 때 재빨리 알아차리고 민첩하게 대응할 수 있지 않을까 싶다.

아무것도 모르는 상태에서 겁도 없이 집짓기를 시작해 많은 시행착오를 겪었지만 그 과정이 전혀 의미가 없었던 것은 아니었다. 무엇보다 우리가 집을 짓기로 결정하고 나서 집에 대한 서로의 생각을 묻고 듣고 공유하는 시간이 좋았다. 아이와 함께할 우리의 미래에 대해 이야기하며 삶에 대한 의욕도 자연히 커졌다.

집을 짓고 나니 사람들이 자주 물어본다. 정말 아파트에 사는 것보다 땅을 사서 집을 짓는 게 옳은 선택이었는지. 우리도 사실 잘 모르겠다. 아파트가 좋냐, 단독주택이 좋냐는 물음에도 확실히 대답하기 어렵다. 단독주택에서 모두가 만족하며 사는 것은 아니다. 여러 가지 불편한 점들 때문에 서둘러 집을 팔고 다시 아파트로 들어가는 사람들도 분명 있다. 다만 지금은 아파트 대신 단독주택을 택한 것이 우리 가족에게 최상의 선택이었음은 확실하다.

우리가 말하고 싶은 것은 어떤 주거 형태가 옳다, 그르다의 문제가 아니다. 집을 살 때는 무조건 아파트를 사야 한다는 획일적인 프레임에서 벗어났으면 좋겠다는 것, 각자에게 맞는 주거 형태를 찾기 위해 더 치열한 고민을 해보면 좋겠다는 것이다. 집은 추억이고, 현실이고, 미래다. 생의 대부분을 머무는 집이라는 공간에 대해 더욱 다양한 의견들이 나오길 빈다.

남편이 남기는 말

파주 교하에 둥지를 튼 것은 파주 출판단지가 있기 때문이었다. 파주에 집을 짓고 모 출판사와 출판 프로젝트를 하려고 했다. 그런데 출판사 대표가 갑자기 외국으로 떠나면서 다른 출판사와 하게 되었다. 그 출판사는 지금 홍대에 있다. 결국 집은 파주 출판단지 근처에 짓고 일은 홍대로 가고 있다. 가끔 아내가 놀리듯 말한다. "우리는 왜 파주에 살고 있는 걸까요?" 첫 집짓기는 끝까지 나를 당황시킨다. 그래도 이 집에 있는 것이 정말 편안하고 좋다. 되도록 오래 이 집에 살고 싶다(이 에필로그는 2017년 초에 작성되었고 아래는 1년 뒤에 새롭게 덧붙인 것이다).

그런데 어쩌면 나의 소망은 실현되지 않을 가능성이 높을 것 같다. 아내가 올해(2018년)부터 대학원 공부를 시작했기 때문이다. 아내는 박사 학위까지 딸 생각인 것 같다. 아내는 교수가 되고 싶어 한다. 문제는 아내가 다니는 학교가 서울 올림픽 공원 근처라는 것이다. 우리 집에서 차로 두 시간 가까이 걸린다. 왕복 네 시간이다. 물론 도로가 심하게 막히면 더 많이 걸린다. 가끔 내가 놀리듯 말한다. "우리는 왜 파주에 살고 있는 걸까요?"

요즘 나의 최대 고민은 '이 집을 어떻게 할 것인가?'다. 답은 아직 찾지 못했다. 그저 오늘 하루를 최대한 즐겁게, 행복하게 보내고자 할 뿐이다. 어쨌든 이 집에서 살고 있는 하루하루는 행복하니까 말이다.

아내가 남기는 말

예전에는 집짓기에 대한 환상이 있었다. 경제적 여유가 있다면 얼마든 내가 원하는 집을 지을 수 있다고 생각했다. 그러나 이번에 집을 짓고 나서 깨달았다. 돈이 있다고 해서 내가 원하는 '완벽한 집'을 지을 수 있는 것은 아니라는 사실을. 또 집을 짓는다면 그땐 정말 공부를 많이 해야겠다. 집을 짓고 나니 다른 집들도 예사롭지 않게 보인다. 각각의 집마다 가족의 이야기가 있고 꿈이 있다. 우리 집에도 행복한 꿈이 끝없이 피어나기를 빈다.

남편과 아내가 남기는 말

《부부의 집짓기》가 나오기까지 우리가 구술한 것을 방인화 작가가 정리해주었다. 방인화 작가에게 이 자리를 빌려 감사를 표한다. 사실 이 책은 2017년에 출간 계획이 잡혀 있었다. 그런데 여러 하자 보수 공사를 하느라 1년이 훌쩍 지나버렸다. 오랫동안 기다려준 박재호 대표님과 출판사 관계자 분들께 감사의 마음을 전하고 싶다. 본인이 맡은 공사를 하느라 눈코 뜰 새 없이 바쁘면서도 우리 집의 하자를 책임지고 보수해준 지앤건설 김성한 대표에게도 깊은 감사를 표하고 싶다. 그리고 자기 집 정원처럼 공들여서 정원을 꾸며준 오종근 O.K. 조경 대표에게도 감사의 마음을 전한다. 비록 엉뚱한 실수가 많았고 하자를 봐주지 않았지만 우리나라에서 가장 친환경적인 집을 설계하고 시공해준 이현욱 소장과 박정 대표, 김종흠 소장, 정삼영 부장, 김찬호 군에게도 고마운 마음을 전한다. 마지막으로 우리 집에 관심을 가져주고 텔레비전에 노출해준 MBC 〈사람이 좋다〉, tvN 〈리틀빅 히어로〉, tvN 〈택시〉 관계자 분들께도 감사를 표한다.

집짓기에 도움을 주신 분들

김종흠 하나종합공사 대표

김성한 지앤건설 대표

이현욱 이집소 소장

정삼영 하나종합공사 사원

오종근 O.K. 조경 대표

미주

1 ■ H사 영업사원의 잘못인지 하나종합공사 김종흠 소장의 잘못인지, 아니면 전기를 담당한 전영복 씨의 잘못인지는 모르겠다. 어쨌거나 H사에서는 최대치를 그냥 알려준 것일 뿐, 25킬로와트짜리 계량기를 설치해야 한다는 말은 하지 않았다고 해명했고 김종흠 소장은 H사에서 그 정도의 계량기가 필요하다고 말했다며 서로 책임을 전가했다. 그리고 전영복 씨는 둘 사이에서 애매한 입장을 취했다.

2 ■ 이현욱 소장과 박정 대표, 김종흠 소장에게 보일러 재설치를 요구했지만 그들은 어떤 답도 하지 않았다. 그래서 내용증명을 몇 차례 보냈다. 김종흠 소장은 자신은 아무 잘못이 없으며 도면대로 했을 뿐이라는 답장을 보내왔다. 이현욱 소장과 박정 대표는 답장을 보내지 않았다. 만약 우리에게 설계 도면을 제대로 보는 눈이 있었다면 사태를 미리 막을 수 있었을지도 모른다. 하지만 애초에 이현욱 소장이 상식적인 설계를 했거나 박정 스카이하우징 대표 또는 하나종합공사 김종흠 소장이 보일러 설치 기사의 의견을 전달해주었다면 이런 문제는 일어나지 않았을 것이다.

3 ■ 상식적으로 이해되지 않았지만 하나종합공사 김종흠 소장은 진짜로 차고 문을 달지 않고 가버렸다. 스카이하우징 박정 대표와 이현욱 소장 역시 어떤 조치도 취해주지 않았다. 더 경악할 일은 나중에 계약서 뒤에 깨알처럼 항목별로 붙어 있는 부분을 하나하나 체크해보니 우리가 이미 지불한 항목에 버젓이 차고문이 포함되어 있었다는 것이다.

4 ■ 설계를 하기 전, 우리는 이현욱 소장과 집에 대해 많은 이야기를 나누었다. 이현욱 소장은 새벽에도 자정에도 대화에 응했다. 그리고 어디든 차를 몰고 왔다. 정확하진 않지만 기초 공사를 하기 전만 해도 50번 정도 만나서 회의를 했던 것 같다. 비록 회의의 결론이 대부분 이현욱 소장의 부동산 투자 제의로 끝을 맺었지만.

한번은 모든 고객에게 이렇게 열정적이냐고 이현욱 소장에게 물은 적이 있다. 이현욱 소장은 건축가로서 당연한 일일 뿐이라고 했다. 그러면서 자신은 마음에 드는 고객에게는 무료로 설계를 해주는 것은 물론, 시공사를 압박해서 공사비도 거침없이 깎아주고 깜짝 놀랄 만한 부동산 투자 기회를 제공해 큰돈도 벌게 해준다고 했다. 그러고는 자신을 만난 것은 축복이라고 덧붙였다.

우리가 이현욱 소장에게 설계를 맡겼던 것은 그가 무료로 설계를 해주겠다고 했기 때문만은 아니었다. 그전에 여러 건축가를 만났다. 우리는 무엇보다 방사능 시멘트가 아닌 친환경 시멘트로 집을 짓고 싶었다. 그리고 공사 과정에서 화학약품 범벅인 혼화제를 쓰고 싶지 않았다. 우리가 만난 건축가들은 기존의 시멘트가 몸에 좋지 않다는 점에서는 의견이 같았다. 하지만 기초 작업부터 친환경적 공법으로 하고 싶다는 말에 긍정적으로 답변해준 건축사무소는 단 한곳도 없었다. 그런데 이현욱 소장은 달랐다.
"방사능 시멘트와 혼화제를 쓰지 않는 진정한 친환경적인 집을 짓고 싶다니, 정말 좋은 생각입니다. 제가 해보겠습니다."
너무 자신만만하게 잘할 수 있다고 하니 의심 없이 그를 따르기로 했다. 결과적으로 낭패를 본 게 한두 가지가 아니었다. 집을 다 짓는 과정에서 문제가 발생한 부분에 대해 전혀 책임을 지지 않은 것은 물론 잘못된 정보를 줘서 난처한 일을 겪기도 했다.
대표적으로 작은 출판사를 세우고 정식으로 등록을 해두었다. 그래서 지금 짓고 있는 집에서 출판업이 가능하겠느냐고 물었더니, 이현욱 소장은 세무사와 변호사를 통해 알아보겠다고 하고는 가능하다고 답변해왔다. 하지만 실제 완공 후에 시청으로부터 일반 주택이라 출판업 등록은 불가능하다는 답변을 받았다. 덕분에 출판사를 폐업해야 했다. 이현욱 소장의 말만 믿었던 우리에게도 물론 책임은 있다. 하지만 건축계에서 나름 잘나가는 전문가이니 믿는 것이 당연하지 않은가? 어쨌든 건축가의 불확실한 정보로 인한 손해도 결국 건축주가 져야 한다.
어떤 건축가도 100퍼센트 만족스러운 설계를 해줄 수는 없다. 애초에 설계에 동의했더라도 다 짓고 나면 또 불만족스러운 구석이 생긴다. 단순히 그렇게 말하고 말기에는 어떤 실수들은 대단히 치명적이다. 적어도 현장에서 더 소통하려고 애쓰고 우리의 요구를 들어주기 위해 더 노력을 기울였다면 지금처럼 실망스러운 마음이 남아 있진 않았을 것 같다.

5 ■ 우리 집은 처음에는 이현욱 소장의 이집소 부설 시공사인 스카이하우징의 박정 대표가 시공했다. 그런데 비전문가인 우리가 보기에도 박정 대표가 데려온 현장 소장의 진행 방식이 좀 답답했다. 그래서 이현욱 소장에게 이야기를 했더니 기다렸다는 듯이 이렇게 말했다.
"마침 내가 하청을 주는 최고의 시공팀이 최근에 다른 집 건축 일정을 끝마쳤습니다. 그들은 김종흠, 정삼영, 김찬호로 이루어진 팀인데 시공자라기보다는 예술가입니다. 실제로 김종흠 소장은 예술가만이 들어가 살 수 있다는 파주 헤이리에서 살고 있습니다. 스카이하우징 박정 대표에게 그들로 교체하라고 지시하겠습니다."
우리는 예술가와 같은 시공자를 소개시켜준다는 말에 "역시 이현욱 소장!" 하면서 감동했다. 일주일 뒤 집 짓는 현장에서 그들을 만날 수 있었다. 김종흠 소장은 우리를 헤이리로 데려가더니 여러 건물들을 보여주면서 자신이 시공에 참여했다고 주장했다. 그리고 덧붙이기를, 헤이리 예술가 마을은 자신이 없으면 돌아가질 않는다고 했다. 김종흠 소장의 직원인 정삼영 부장은 대표적으로 헤이리 최고의 맛집인 추로스 전문점의 거의 모든 것을 자신이 시공했다며 온갖 자랑을 늘어놓았다. 여기에 더해 예술가들이 제주도 등에 있는 별장의 하자 보수까지 자신에게 맡긴다며 목에 힘을 주었다. 김종흠 소장의 아들인 김찬호 군은 늘 말이 없었다. 알고 보니 곧 군대에 간다고 했다. 김종흠 소장은 아들이 자신의 뒤를 이어 단독주택 시공을 업으로 삼을 것이라고 했다. 그러더니 돌연 우리의 손을 잡고 두 눈을 따뜻하게 바라보면서 덧붙였다.

"작가님, 제가 아들 앞에서 시공을 합니다. 어찌 대충 시공할 수 있겠습니까."

우리는 그들에게 마음을 열 수밖에 없었다.

김종흠 소장은 집 짓는 과정을 책으로 쓴다는 이야기를 들었다며 자신의 이름 석 자도 넣어줄 수 있겠냐고 물었다. 흔쾌히 그러겠다고 말했다. 며칠 뒤 그가 다시 조심스럽게 물었다.

"그런데 혹시 저도 책을 낼 수 있을까요? 작가님이 이현욱 소장의 책을 여러 권 내주시기로 했다고 들었는데요."

그는 자신에게 하청을 주는 건축가들에 대한 서운함과 불평을 적극적으로 표현하면서 고객을 위한 진정한 건축 관련 책을 내고 싶다고, 우리나라의 집짓기에 관해서 정말 양심적인 이야기를 하고 싶다고 했다. 남편은 김종흠 소장의 이야기를 출판사 대표에게 전했고 출간 약속을 받아주었다. 그리고 '헤이리처럼 집짓기'라는 책 제목까지 만들어주었다.

6 ■ 이현욱 이집소 소장과 박정 스카이하우징 대표는 하자가 생기면 모든 일을 제치고 버선발로 달려오겠다고, 그게 자신들의 장점이자 자신들이 세상에 이름을 알린 비결이라고 이야기했다. 김종흠 하나종합공사 소장 또한 "우리 집이 작가님 집에서 차로 10분 거리입니다. 하자가 생기면 아무 때나 전화주세요. 무조건 즉시 와서 조치하겠습니다. 혹시 제가 일이 생겨서 못 오게 되면 정삼영 부장을 보낼게요. 이 친구 집도 작가님 집에서 10분 거리거든요!"라고 수십 번 이야기했기 때문에 마음을 놓고 있었다.

7 ■ 김종흠 소장은 딱 한 번 방문해서는 모든 하자의 책임을 이현욱 소장과 박정 대표에게 돌리고는 '내가 이 집을 짓느라 얼마나 고생한 줄 아느냐, 내가 정말 피땀 흘려서 지었다.'라는 말만 수없이 반복했다. 그러더니 차를 몰고 쌩 하니 가버렸다. 정삼영 부

장은 한 번 와서 빗물통을 보수해주었는데 일주일도 지나지 않아 다시 하자가 생겼다. 이 하자는 결국 몇 달 뒤에 지앤건설 김성한 대표가 봐주었다. 다행히 지금까지는 별 문제가 없다.

8 ■ 참다못해 박정 대표에게 전화를 했더니 죄송하다는 말을 연발하면서 "제가 지금은 몸이 몹시 아파서 현장에 못 갑니다. 몸조리를 하고 들르겠습니다."라고 했다. 그 후로는 전화를 받지 않았다. 이상했다. 자신이 몸이 아프면 직원을 보내면 될 텐데, 끝까지 그 이야기를 하지 않았다. 김종흠 소장은 로봇 같은 얼굴로 계속 이렇게 말했다.
"이건 전적으로 이현욱 소장의 책임입니다. 여기는 대한민국의 그 누구도 환풍기를 설치할 수 없는 구조입니다. 예술가인 저도 이것만큼은 불가능합니다."
정삼영 부장과 김찬호 군은 옆에서 김종흠 소장의 말이 맞다며 고개를 끄덕였다. 두 사람은 참으로 심각한 얼굴을 하고 있었다. 두 사람의 표정과 반응을 보고 있노라니 김종흠 소장의 말이 마치 무슨 진리처럼 다가왔다. 혹시나 해서 마지막으로 "이 내용이 책에 그대로 들어갈 수 있어요. 언론에도 나갈 수 있고요. 그러면 소장님이 오해받을지 모릅니다. 우리의 집짓기 이야기는 이미 언론에 보도돼서, 그렇게 공적인 영역이 돼서 저희도 어쩔 수가 없어요."라고 했다. 그러자 김종흠 소장이 갑자기 근엄한 목소리로 '나는 예술가로 인정받는 사람이다. 나는 시공을 하지 않는다. 나는 예술을 한다.'라는 말만 늘어놓았다. 결국 우리는 이현욱 소장, 박정 대표, 김종흠 소장 그리고 이집소와 스카이하우징의 실질적인 대표라는 최재희 씨를 상대로 이 부분을 시정해줄 것을 요구하는 내용증명을 몇 차례 보냈다(최재희 씨가 실질적 대표라는 사실은 나중에 알게 되었다). 겨울철에 신생아를 목욕시키기도 심히 불편하고 생활에 고통이 있으니 부디 환풍기를 설치해주기 바란다는 내용이었다. 이현욱 소장과 박정 대표 그리고 최재희 대표는 어떤 답장도 하지 않았다. 김종흠 소장은 '나는 설계 도면대로 시공했을 뿐이다.'라는 답장을 보내왔다.

9 ■ 이현욱 소장과 박정 대표는 공사 전에 방수에 대해서는 어떤 언급도 하지 않았다. 김종흠 소장은 자신 있게 말했었다. '나는 방수로는 전국 1위다. 괜히 예술가가 아니다.' 하지만 김종흠 소장은 나무 벽체 하단 부분을 흙으로 덮는, 초보자도 하지 않는 실수를 저질렀다. 이 부분에 대해서 이현욱 소장, 박정 대표, 최재희 대표, 김종흠 소장, 정삼영 부장에게 방수 공사 동영상을 보내면서 사과와 배상을 요구했다. 그들은 어떤 답변도 하지 않았다. 김종흠 소장은 자신은 이현욱 소장이 그려준 도면대로 시공했기 때문에 아무런 잘못이 없다는 답변을 보내왔다.

〈여성조선〉 인터뷰, 그 뒷이야기

우리가 이 집을 짓기로 결정하면서 〈여성조선〉에 몇 차례에 걸쳐 집을 짓는 과정을 공개하고 인터뷰를 했다. 집을 짓기로 결정한 이야기와 함께 집짓기 초기 단계의 고민과 해결책을 다뤘었다. 하지만 집짓기에 돌입하고 벽체를 올리면서 〈여성조선〉 연재도 끝이 났다. 연재를 하던 때와 지금은 상황이 조금 달라졌다. 그 기사를 읽은 사람이 적지 않고 그걸 보고 집짓기를 결정한 사람들도 있다는 이야기를 들었기에 달라진 부분에 대해서 분명히 이야기해야 할 것 같다.

이현욱 소장을 알게 된 것은 팬 카페인 폴레폴레의 봉사활동을 통해서였다. 폴레폴레에서는 기부 특강을 자주 열었는데, 부산에서 기부 특강을 할 때 게스트로 이 소장을 초청하면서 나와 인연을 맺게 되었다. 결혼식을 가까운 지인들만 초청해 소규모로 치렀지만, 그렇다고 주변 사람들에게 결혼했다는 사실조차 알리지 않을 수는 없었다. 그래서 따로 초청을 하지 못한 지인들에게 결혼식 전날 '내일 결혼한다.'는 사실만 간단히 전했다. 그 지인 중에 이현욱 소장도 있었다. 이 소장은 우리의 결혼 소식을 듣자마자 자신이 무료로 설계해줄 테니 집을 짓는 것이 어떻겠냐는 제안을 했다. 이름난 건축가가 무료로 설계를 해준다니 말은 고마웠지만 당시로서는 당장 집을 지을 계획이 없었으므로 그냥 넘겼다. 그러다 동백 타운하우스의 전세 값이 갑자기 오르면서 파주 쪽에 전세를 구하기로 했었다. 하지만 아무리 부동산을 뒤져봐도 마땅한 전세를 찾을 수가 없었다. 차라리 돈을 조금 보태 집을 짓는 게 낫겠다는 생각을 했으나 대체 어디서부터 어떻게 시작해야 할지 몰라 이 소장에게 조언을 구했다. 이 소장이 잘 생각했다며 예전에 말했던 것처럼 무료로 설계를 해주겠다고 했다. 이 소장은 나의 친환경적인 시각에 감동했다며 우리나라에 뭔가 새로운 대안을 제시하는 집짓기 프로젝트를 해보자고 했다.

호의는 고마웠지만 절대 빚지고는 못 사는 성격이라 무료로 설계를 해주는 대가로 내가 이 소장의 프로젝트를 홍보해주기로 했다. 그래서 〈여성조선〉에 연락해 5개월 동안 집 짓는 과정을 연재하기로 하고 공중파의 다큐멘터리에 집짓기 과정을 공개하기로 했다. 또 이 소장이 책을 내고 싶어 했기에 책 세 권을 무료로 기획해주고 출판 마케팅까지 책임져주기로 했다.

〈여성조선〉에 기사를 연재할 때까지는 문제가 없었다. 기사가 화제가 되면서 나는 이 소장이 진행하는 팟캐스트에 두 번이나 출연해 그에 대한 칭찬을 늘어놓기도 했다.

그런데 점점 공사가 진행되면서 문제가 발생하기 시작했다. 집을 짓는 과정에서 1층 화장실에 환기팬을 달지 않았다거나 보일러실이 황당한 위치에 있는 등의 문제가 발생해도 잘 고쳐지지 않았다. 애초에 기획했던 행복한 집짓기가 방향이 달라졌기에 공중파에서 찍던 다큐멘터리도 중단했다.

우리 집을 짓는 과정에서 발생한 문제들을 그냥 덮고 갈 수도 있었다. 그러면 혹시 나중에 집을 팔 때 더 높은 값을 받을지도 모른다. 하지만 그건 아니라고 생각했다. 또한 이미 〈여성조선〉에 몇 달에 걸쳐 기사가 나갔기 때문에 우리 집짓기는 내 개인적인 이야기라고만 할 수가 없게 되었다. 실제로 기사를 보고 믿음이 가서 이 소장과 타운하우스 건축 계약을 한 분이 있다. 그런데 그 과정에서 문제가 발생했고, 그분이 이현욱 소장 측에 손해배상 소송을 제기했다. 우리 부부는 중간에서 몹시 곤란한 입장에 놓이게 되었다. 우리 기사를 보고 계약을 한 것이기에 마음이 몹시 힘들었다. 그리고 이를 통해 언론 보도가 무섭다는 것도 실감했다.

아무튼 언론에 몇 차례 보도가 되었기에 이미 우리의 집짓기는 공적인 집짓기의 측면을 가지게 되었다. 그래서 그 뒷이야기도 독자들에게 명백히 밝혀야겠다는 생각을 하게 되었다.

이집소(이현욱좋은집연구소)는 건축가 이현욱 소장이 운영하는 건축토탈 서비스라고 소개되어 있다. 하지만 이 소장이 모든 것을 책임지는 구조는 아니다. 이집소 사무실에는 총 세 개의 회사가 있는데 바로 이집소와 스카이하우징 그리고 광장건축이다. 스카이하우징은 이집소에서 만든 시공사이고 광장건축은 이현욱 소장이 대표로 있는 건축회사다. 이 소장은 설계 전문인데 사람들이 자꾸 하자 보수에 대해 문의를 하니 아예 시공사를 차려버렸다는 것이다. 시공사의 사장은 이현욱 소장이 아니라 박정이라는 사람이다. 그들의 연관관계에 대해서 나는 정확히 알지 못한다. 다만 이 복잡한 회사 구조를 처음에는 인지하지 못했고 나는 이 소장이 다 알아서 책임을 지는 구조라고 생각하고 일을 맡겼다. 그런데 알고 보니 그렇지가 않았던 것이다.

누가 책임자든 제대로 집을 짓기만 했다면 상관없었을 것이다. 하지만 하자 문제에서 다들 책임을 미루기만 하니 우리로서는 적잖이 당황스러웠다.

건축주는 집을 짓는 데 있어 절대적인 약자다. 아무리 열심히 공부를 한다고 해도 전문가들의 지식에 미칠 수 없다. 그러므로 그들이 보다 책임감 있는 태도를 보여줘야 했다고 생각한다. 단순히 돈을 받고 일을 해준다는 개념이 아니라 그 집에 사는 사람들이 불편을 겪지 않도록 세심하게 보살피는 부분까지 말이다.

다시 말하지만 우리 집은 소소한 하자를 제외하면 정말 만족스럽게 잘 지어진 집이다. 이 소장의 설계도 좋았고 시공사의 시공도 훌륭했고 친환경 재료를 사용했다. 하자 부분에 대해 적극적으로 대처만 잘 해줬더라도 우리가 처음에 계획했던 그대로 '행복한 집짓기'가 되었을 텐데 그 점은 너무나 아쉽다.

"우리는 계속 집을 지을 예정입니다"

초반에 친환경적인 집을 짓기로 이현욱 소장과 계획하면서 우리는 '친환경 건물 짓기'를 프로젝트화해보자고 했다. 집뿐만 아니라 유치원, 초등학교, 중고등학교까지 시멘트 공해로부터 자유로운 친환경적인 목조 건물을 짓자는 취지였다. 나는 그 일이 굉장히 의미 있는 작업이 되리라고 생각했다. 그 학교에 다니는 아이들까지 모두 건강하게 지낼 수 있을 것이라는 기대 때문이었다.

'모두를 위한 집짓기'는 두 개의 프로젝트로 진행될 계획이었다. 하나는 국내에 친환경 목조 건물을 짓는 것, 또 하나는 해외의 빈민촌 아동을 위해 학교를 짓는 것이었다. 해외에 학교를 짓는 프로젝트는 6년 전부터 진행해오고 있었다. 그러나 목조주택의 이면을 보게 되면서 국내 프로젝트는 좌절되었다. 다만 해외 프로젝트는 여전히 계속되고 있다.

해외 학교 짓기 프로젝트는 개인적인 고민에서 시작되었다. 작가라면 적어도 이 시대의 지식인이라 할 수 있는데, 그렇다면 마땅히 사회에 뭔가를 환원해야 하는 의무가 있다고 생각했다. 그래서 무엇을 나눌까 고민하다가 초등학교 교사였던 경력을 살려 교육 봉사를 시작하기로 마음먹었다. 팬 카페 폴레폴레 회원들과 함께

서울 쪽방촌에서 인문학 교육 봉사를 시작했다. 서울에서 시작해 전국적으로 규모를 점차 늘려나갔다. 지금까지 지역에서 인문학 아동 봉사를 한 사람만 1000명이 넘는다.

그러다 해외로 눈을 돌리게 되었다. 대한민국도 과거 어려웠던 시절 해외에서 원조를 받은 적이 있다. 지금 우리가 잘살게 되었다고 그냥 누릴 것이 아니라 나누어야 한다고 생각했다. 그러던 중 행사 때마다 재능 기부를 해주던 함현진 교수의 소개로 '한국기아대책기구'를 알게 되었고 박재범 부문장을 만나게 되었다. 그는 나를 처음 만나자마자 대뜸 이런 말을 건넸다.

"작가님, 해외 빈민촌에 학교 하나 지으시죠!"

처음에는 당황스러웠다. 해외 봉사에 관심이 있었으나 학교를 짓는 것까지는 미처 생각하지 못했다. 무엇보다 학교라면 적지 않은 돈이 들 텐데, 과연 거기까지 여력이 될까 싶었다. 하지만 생각했던 것처럼 어마어마한 돈이 들어가는 것은 아니었다. 물론 적잖은 금액이지만 그 정도는 마련할 수 있을 것 같았다. 나는 흔쾌히 동의했다. 그리고 몇 달 후 캄보디아 앙스와이에 학교가 세워졌다. 그곳에서 350명의 학생들이 함께 모여 공부하며, 하루 한 끼라도 제대로 먹을 수 있게 되었다.

첫 학교를 짓고 나니 열정이 활활 타올랐다. 단발성 기부가 아닌 전 세계 빈민촌에 학교 100개를 짓는 프로젝트를 해보기로 계획했다. 이후 인도, 필리핀, 라오스, 탄자니아, 짐바브웨, 차드, 베트남, 인도네시아, 레바논 난민 캠프, 시리아 난민 캠프 등에 30개의 학교를 더 세웠다. 15개 학교까지는 내가 기부한 돈으로 전부 충당했고 그 이후부터는 팬 카페 회원들과 같이했다. 단순히 학교를 짓고 마는 것이 아니라 '서번트 투어'라는 프로그램을 통해 정기적으로 현지 봉사를 나간다. 학교를 짓고 난 뒤에도 긴밀한 유대관계를 맺으며 지속적인 발전을 돕는 것이다.

아마 아내의 응원이 없었다면 이 프로젝트를 계속하기 힘들었을지도 모른다. 혼인 신고를 하고 나서 함께 여행을 가자고 제안했다. 결혼 전에 어떻게든 아내의 마음을 사로잡을 생각에 런던이든 파리든, 당신이 원하는 곳이라면 다 데려가주겠다고 약속했던 터였다. 어쩌면 아내는 근사한 나라로 로맨틱한 여행을 떠날 것이라고 기대했을지 모르겠다. 그런데 우리가 간 곳은 인도였다. 열흘간의 여행 일정 중 처음 며칠은 북인도 여행을 다녔고, 나흘은 인도 뉴델리의 '소똥 마을'에서 보냈다. 분명 힘들었을 텐데도 아내는 전혀 지친 기색 없이 아이들을 온 마음을 다해 대해주었다. 그곳에서 아내가 아이들과 기쁘게 지내는 모습을 보면서 정말 고마웠고 '모두를 위한 집짓기'를 계속할 수 있겠다는 확신을 얻었다. 이후 학교를 지을 돈이 필요하다고 하면 나보다 더 기쁜 얼굴로 기부에 찬성해주는 모습을 보며, 내가 정말 좋은 사람과 결혼했구나 하는 생각을 다시금 했다.

한국에는 우리 집이 딱 한 채뿐이지만 해외에는 건물이 스무 채나 있다. 나는 이 점이 적잖이 자랑스럽다. 내 소유는 아니지만 내가 보유하고 있는 것보다 더 뿌듯하다.

우리의 집짓기는 여기서 끝이 아니다. 우리 부부는 함께 살아갈 집을 지으며 다시 한 번 인간에게 공간은 어떤 의미인가를 생각하게 되었다. 집은 우리를 품어주고, 우리를 행복하게 해주고, 우리를 꿈꾸게 해준다. 그리고 그 안에는 미래가 담겨 있다. 지금쯤 해외 학교에서 공부하는 아이들도 그 공간에서 행복한 미래를 꿈꾸고 있을까. 지구촌 곳곳의 모든 아이들이 미래를 꿈꿀 수 있는 공간을 가질 수 있을 때까지 우리의 집짓기는 계속될 것이다.

부부의 집짓기

초판 1쇄 인쇄 2018년 4월 16일
초판 1쇄 발행 2018년 4월 20일

지은이 | 이지성, 차유람
발행인 | 박재호
편집 | 홍다휘, 강혜진, 이미현, 이은정
마케팅 | 김용범
총무 | 김명숙
종이 | 세종페이퍼
인쇄·제본 | 한영문화사

발행처 | 차이정원
출판신고 | 제2016-000043호 (2016년 2월 16일)
주소 | 서울시 마포구 양화로 156(동교동) LG팰리스 814호
전화 | 02-334-7932 팩스 | 02-334-7933
전자우편 | pjh7936@daum.net

ISBN 979-11-88388-32-5 03610

이 도서의 국립중앙도서관 출판예정도서목록(CIP)은 서지정보유통지원시스템 홈페이지(http://seoji.nl.go.kr)와 국가자료공동목록시스템(http://www.nl.go.kr/kolisnet)에서 이용하실 수 있습니다. (CIP제어번호: CIP2018010890)

만든 사람들
책임편집 | 이미현
원고정리 | 방인화
교정교열 | 윤정숙
본문사진 | 방문수
디자인 | 한희정, 김윤남